姜子牙

大器晚成的兵家始祖

王德军 著

辽宁人民出版社

图书在版编目（CIP）数据

姜子牙：大器晚成的兵家始祖 / 王德军著 . 一 沈阳：
辽宁人民出版社，2024.2
　　（中国历代谋臣系列）
　　ISBN 978-7-205-10889-2

　　Ⅰ . ①姜… Ⅱ . ①王… Ⅲ . ①吕尚—传记
Ⅳ . ① K827=24

中国国家版本馆 CIP 数据核字（2023）第 196138 号

出版发行：辽宁人民出版社
　　　　　地址：沈阳市和平区十一纬路 25 号　邮编：110003
　　　　　电话：024-23284191（发行部）　024-23284304（办公室）
　　　　　http：//www.lnpph.com.cn
印　　刷：河北朗祥印刷有限公司
幅面尺寸：145mm×210mm
印　　张：7
字　　数：120 千字
出版时间：2024 年 2 月第 1 版
印刷时间：2024 年 2 月第 1 次印刷
责任编辑：赵维宁
封面设计：乐　翁
版式设计：一诺设计
责任校对：冯　莹
书　　号：ISBN 978-7-205-10889-2
定　　价：39.80 元

序　言

姜太公钓鱼，愿者上钩

——《史记·齐太公世家》

约公元前 1046 年，大商与大周在牧野展开决战，短短数日大商尽灭，武王率军攻占朝歌，纣王绝望之下在鹿台引火自焚。

自此，延续了近 600 年的殷商王朝退出历史舞台，也标志着恶贯满盈、好大喜功的纣王暴政时代覆灭，大周能迅速灭掉商军主力，除了周武王自身超强的能力外，还要归功于一人，此人，便是被后世尊为"武圣"，又称其为"兵家始祖"的姜子牙。

古人言：敬子牙之才，惜子牙之识，庆子牙之遇，但就是这么一个文韬武略的军事统帅，谁又能相信他前半生怀才不遇，年过七旬才有了一展抱负之地呢？

"姜太公钓鱼，愿者上钩。"空有满腹经纶而无处施展才华的姜子牙，硬是在渭水之滨钓出了西伯侯姬昌，只因他曾说："天下者，非一人之天下，乃天下之天下也。"遂被姬昌尊为太师，后又辅佐武王施以仁政，平叛乱，开疆土，治人间，从而奠定周朝791年的伟大基业。

姜子牙这个人我们并不陌生，不论是神话传说还是历史典故，相关内容都不少，最为人津津乐道的便是"姜太公钓鱼，愿者上钩"之说，当然，绝大部分人认识姜子牙还是因明代小说《封神演义》。

他是个怎样的人呢？文能安邦，武能定国，引用大学之道便是"诚意，正心，修身，齐家，治国，平天下"之人。他曾在商朝为官，后因纣王的荒淫无道而选择辞官归乡，虽不在朝堂，却心系天下，期望有一天能有机会施展自己的才华，而这一等，便是数十年之久，其中"姜太公钓鱼，愿者上钩"意义悠长，韵味十足，尽管脍炙人口，但也道尽了他前半生的寒微不幸，初遇姬昌时，一句"我等你很久了"，叹尽了他的大半生。

从文人的角度来看，他是卓越的政治家，提出了"天下者，非一人之天下，乃天下之天下也"之说（此处引自《六韬·文师》），在姜子牙的眼里，得天下之人，应该是得到了民心的人，所以当姬昌问要怎么得到民心时，他又说了"天有时，地有财，能与人共之者，仁也。仁之所在，天下归之”。简单来说，就是与天下人分享自己手中的利益，就能让人得到民心，得到了民心，也就得到了天下。

从军人的角度来看，他更是杰出的军事统帅，在攻打商朝的大小战役中，他所施展的手段，直接奠定了他兵家始祖的地位，从而影响了后世几千年的军事文化，也为中华大地留下了数之不尽的传说……

不论是哪一段，都能让人感到荡气回肠、念念不忘。事实也证明了不论是他治国的理论，还是对天下的大局掌控，他交出的成绩单，在后世几千年的历史长河中，都能名列前茅。

渭水滨上，畅谈天下的他，尽管还未辅佐姬昌集结大军，但在这番交谈下，强大的商朝在他眼里无疑气数已尽，只不过还剩下一个空壳罢了，所以他一直谈的是治天下之道。但对于死而不僵的商纣王，姜子牙也未曾掉以轻心，在周武王继位后，时常和他论证兵法以及谋略，在后来的一系列行动中也证明了姜子牙先前的观点，因失人心而天下崩，攻打天下，无非是时间而已。

了解过姜子牙的人兴许会问，既然他拥有如此大才，为何前半生会碌碌无为，不诚心诚意地在商朝干出一番大事业，反倒要隐居在渭水河边呢？难道在他眼里，大商就那么不堪吗？

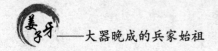

　　要知道彼时的大商，也有良相比干啊，也许，只有他自己才知道，是什么困扰了他几十年而郁郁不得志吧。

　　面对纣王的荒淫无道，面对商朝的民不聊生，而比干，早已没有了权力，大厦将倾，非一人能够挽回，只因作为大厦奠基者的纣王已经乱了阵脚，或许姜子牙早已看透了商朝政治核心系统的溃烂，所以才会选择离开吧。

　　也正因为有了他的离开，才有了他前半生的颠沛流离，才有了后世的太公姜子牙，才有了正史中的兵家始祖，才有了神话里执掌封神榜的一代传奇姜子牙。

　　正是：

　　　　几十年来修宏愿，渭水滨河钓西伯。

　　　　秋风送来太公志，旌旗一展伐朝歌。

王德军

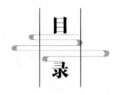

第一章
半生寒微

周康王六年，姜子牙在镐京逝世，活了 139 岁的他，终于结束了自己大起大落坎坎坷坷的一生，其子丁公吕伋继承了他的官位和封地，并带着他的遗愿，继续辅佐周王朝，还掌握了周王朝最为精锐的虎贲军，继续保卫镐京。

姜子牙的一生无疑是充满传奇的，也颇具戏剧性，大器晚成用在他身上再合适不过了，这个被后世尊为兵家始祖的人，灭商兴周，成就大周国运近八百年之久。他的兵书《六韬》是他的兵法大成之作，涵盖了兵法、阵法、治国等重要思想和理论。

可就是这么一位文能治国、武能安邦的全才，谁又能想到他的前半生会坎坷到难以想象的地步呢？

有人说姜子牙出身名门，祖上帮助过大禹治水，所以有大功劳在身，虞舜将其封在吕地，世代继承，所以拥有显赫家世的他算是正经的权贵之后了。

可惜这样的好日子姜子牙并没有见过，他出生时，家族已经没落，到他成年时，已然过上了食不果腹的日子，彻彻底底沦为了贫民。

早年的他当过商贩、屠夫，甚至在商朝当过一段时间的小官，只是后来辞官了。民间还有一种说法，姜子牙在最为穷困潦倒差点饿死的时候当过赘婿，也就是入赘到了别人家里当女婿，然而天生不会做生意的他，在后来又遭到结发妻子的嫌弃，还被赶出了家门，成为彻头彻尾的倒霉蛋。

如此总总，真假难辨。

现实中，我们所了解的姜子牙大部分内容取材于《封神演义》这部神话小说，书中把姜子牙刻画成了得道高人，不论是谁，都能在闲聊到姜子牙时，说出几段经典的故事来，比如姜子牙有个在朝歌当大国师的师弟申公豹，有个如雷贯耳的师傅元始天尊，甚至天地神仙都是他用封神榜赐封的。

那么，真实的姜子牙，又是怎样的一个人呢？

咱们先说其名的由来。首先，"子牙"只是他的字，"姜"是他的姓，名尚，因其出生在吕地，故而又被称为吕尚，号飞熊，不过最让人难以忘记的还是"子牙"这个字。他是商末周初杰出的政治家、军事家，也是周朝的开国元勋、兵家的奠基人。

他早年落魄不得志，隐居于渭水之滨，本以为此生都会郁郁不得志而孤独终老，却有幸遇到了有着雄韬伟略、想要颠覆荒唐纣王政权的西伯侯姬昌。

两人一见如故，也许是缘分，也许是初次见面的眼神，后来姜子牙被姬昌请了回去，被拜为太师。

至此，他终于结束了自己穷困潦倒的前半生，在七十多岁时站在了属于自己的舞台上，接过历史大棒，施展着这几十年来的所学所见。

他开始辅佐姬昌，为其出谋划策。武王姬发即位后，他被尊称为师尚父，一人之下万人之上，风头一时无两，成为周朝的军事统帅，并帮助武王带领勇猛之师彻底消灭气数已尽的商朝，建立周朝，功劳无二的他在灭商后又被已是周天子的姬发封于营丘（现在的临淄），成为齐国的开国之君。

他任劳任怨，并没有坐享太平享受余生，而是马不停蹄地辅佐周公旦，帮助他安邦定国，平定三监之乱，开疆拓土，成就了历史上有名的"成康之治"。

周康王六年，姜子牙病逝后，被尊为兵家始祖。

所以我们应该分为两个阶段来看姜子牙，一个阶段是他还没有辅佐周王朝之前，用尽手段绞尽脑汁也没有折腾出什么花样，施展出自己的抱负的时段；另外一个便是他成为师尚父之后，平步青云，帮助姬发建立了强大的周王朝。

第二章

富国强兵

据史料记载，姜子牙年轻时的日子过得并不好，经常吃不饱饭，尽管是在这样恶劣的环境下，仍然没有影响到他刻苦研究治国之道和军事谋略的志向，他希望自己的所学所得，有朝一日能为天下百姓做出贡献。遗憾的是，他的治国之道和安邦策略，直到他七十岁时也没有机会得到施展。

而在姜子牙出生之前的数十年间，商朝正在经历着一段如日中天的辉煌时期，武丁开创的太平盛世让商朝的威望达到了顶峰，在他去世后，盛世却没能如他所愿地跟着延续，其后的祖庚、祖甲以及各路诸侯王都没能将这盛世复原。

于是，商朝不出所料地开始走向没落，特别是到了帝乙时代，商朝的国内矛盾开始变得空前尖锐，东南方向的诸侯部落更是造反连连。

面对这种情况，商朝的继任者，也就是最后一个统治者帝辛开启了他早年的"开挂"篇章。帝辛，便是我们熟知的纣王，那个一度沉醉于酒池肉林的一代君主，其实这位君主在年轻时还是很英明神武的。

为了解决国内矛盾和地方的动乱，帝辛制定国策，派兵东征，打败了莱夷（今山东省东部的一个部落），自己则带兵攻打南方的九苗部落，将商朝的统治范围直接扩大到了东海和长江流域，商朝的控制版图在他前期的治理下得到了扩大。

这时候的姜子牙在做什么呢？他依然在刻苦学习，两耳不闻窗外事，一心只读圣贤书，在知识的海洋中深耕细作。当然，彼时的他也曾在商朝当过一段时间的小官，只是时间不长，便厌倦了纣王的荒淫残暴而辞归渭水。

当纣王重新将商朝的威望抬起来时，他却忽略了一个地方，这便是周王朝后来崛起的西北地带。

不论是攻打莱夷还是南下征剿九苗，对当时的商朝来说，都是极其致命的，当时的生产力注定了国内的生产总值扛不住帝辛对外的连连征战，故而极大地消耗了国力，国力的衰败，进一步

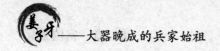

造成了国内各个方面的矛盾激化，从而导致兵力青黄不接，国库空虚，要钱没钱，要人没人，商朝注定灭亡。

百足之虫死而不僵，即便到了大厦将倾的阶段，也依旧没能让帝辛警醒，他又在做什么呢？

在中国的古代历史中，任何一个王朝都会在战争结束以后推行轻徭薄赋、休养生息的政策，为什么？当然是恢复被战争打得千疮百孔的农业经济，可纣王没有，他选择了"躺平"。

从继位之初开始在内营修建朝歌，紧接着便是加重赋敛，并严格地遵守周祭制度，推行严刑峻法，开启了他的暴政后半生，使得其名声直接与夏朝的亡国之君夏桀相提并论，众叛亲离的他自然免不了身死国灭的下场。

其实纣王在年轻时，也是个能人，是帝王之后，还天资聪颖，又能说会道，行动迅捷，并且接受能力特别强。

传说中，他力气过人，能徒手与猛兽格斗，这样一个文武全才，自然也塑造了他极其骄傲的性格，不听大臣的谏言，因为他的绝对权威，便能掩盖一切。

自认为天下无敌的他，开始了彻底放飞自我的模式，内政不修，疯狂敛财，放荡作乐，只顾喝酒和宠爱女人，加上他当时又特别喜欢一个叫妲己的女人，为了博得妲己的欢心，他彻底放权，一切任凭妲己说了算。

而妲己也的确是个能人，为了保证自己的位置不受侵犯，她让纣王加重刑罚，修建炮烙台，对内实行严酷的镇压，但凡有人说了让他们不开心的话或做了让他们不开心的事，便大刑伺候。

这种做法自然会惹来百姓的怨声载道，可纣王依旧选择了无视，根据《史记·殷本纪》的记载，纣王修建鹿台后，搜刮来的钱财竟然能把整个鹿台堆得满满的。

他为了享乐，又扩建园林，把捕捉来的大量鸟兽关在里面供自己享乐，同时还招来了大批的戏乐之人，聚集在酒池肉林中，追逐嬉闹，通宵达旦。

在帝辛统治天下的时候，身边跟着许多能力很强的文臣武将，比如西伯侯姬昌。

之所以会有后来的大周灭商，实际上是因为两方恩怨由来已久，早在商王文丁逼杀季历之时，双方便埋下了仇恨的种子。

季历是谁？在殷王祖甲二十八年（约公元前 12 世纪）时，

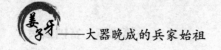

季历便已经即位，成为他所在部落的头领，周武王姬发灭掉商朝以后，将他追封为王季。

在古代，伯、仲、叔、季经常用来表示长幼次序，季，即最小，季历是古公亶父的第三个儿子，母亲叫太姜，他是周文王姬昌的父亲。

根据《史记》中的《周本纪》记载，周国所在的部落，由古公亶父所建立，当时，亶父觉得自己的小儿子季历最为聪明，也很能干，更让他觉得可贵的是，季历的儿子姬昌出生时，有圣瑞之兆，这可是好事，还曾赞叹道："我的后代会有成就大业的人才，可能就是姬昌吧。"

于是，亶父死后，便将首领的位置给了季历。

季历继位后，秉承古公的治国方针，大力发展农业，提高部落生产力，同时推行仁政。这番操作后，便让部落逐渐强大起来，引来了许多诸侯归顺，于是，商王便承认了季历拥有代表西方霸主的实力，赐号西伯。

到了商王武乙时期，周国所在的部落已经和商朝建立了友好的关系，而且还和商朝的许多贵族通婚，比如周首领娶了太任

（贵族任氏）为正妻。太任的到来，让周国吸收了许多商文化，而因为两方联姻，使得双方在政治上的来往更加密切。

此时，周国在季历手中经过一段时间的发展之后，国力强盛，便对周围的部落进行攻打，军事实力的提升，使得它在商朝后期成为西方的一个强大部族。

根据古本《竹书纪年》的记载，武乙时期的季历，曾"讨伐西落鬼戎，俘虏了十二个翟王"。

约公元前1108年，季历领兵先后攻打燕京之戎、余无之戎；约公元前1104年，破始呼之戎；约公元前1099年，打败了翳徒之戎。他战无不胜，立下了极大的功劳。因此，被商王文丁封为"牧师"，即商朝西方部落的众多诸侯首领。

这么多次战争下来，让他为周国积累了大量的财富和俘虏，因此成为显赫的大家族。为了巩固和发展周国在渭水的统治，便与挚仲氏联姻，使得其统治范围一度达到了今河南西部。

可正是因为他的强大，才为自己惹来了杀身之祸。眼看周国的实力越发强大，这便成了统治天下的商王的眼中钉，欲除之而后快，因为他的存在，已经严重威胁了商朝的统治。商王文丁为

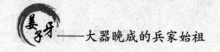

了阻止周国势力的扩张，便以封赏的名义，将季历骗到了殷都。

说是封赏，实际上谁不知道他心里的打算啊，季历内修明政，也是个治国有方的栋梁，深知自己的存在已经对殷商造成了威胁，为了避免正在茁壮成长的周国遭到殷商的攻打，他也听话地前往殷都。

商王文丁封季历为"方伯"，号称"周西伯"，而这也就是西伯侯名称的最早由来，并且为了笼络人心，还将季历推选为西方诸侯国的最高代表。

本以为封赏完毕后，商王文丁就会放他回家，哪晓得文丁经过对季历的一系列了解后，心里却更加忌惮了，想着反正你现在在殷都，在我的手里，那干脆就留在这里哪里都不要去吧。

一段时间后，找了个没有理由的罪名，就将季历给杀了。

季历的尸身被葬在楚山，后来继位的便是姬昌，也就是西伯昌。

由上述内容可以看出，实际上周国和商朝的恩怨由来已久，虽然个人恩怨不足以上升到国家的层面，但这也算是埋下了伏笔，加上后期的纣王走上了夏桀的老路，故而给了周国一个出兵的正当之机。

纣王身边，除却能力非凡的西伯侯姬昌外，还有九侯、鄂侯等能人，他们三人被纣王同时封为三公。

三公的地位超凡，是治理商朝政治的重要砥柱，当时九侯有个特别漂亮的女儿，他将其献给了纣王，然而最终结果是什么呢？九侯的女儿因为不喜欢纣王的荒淫，便劝说他收敛。这本是一件好事，哪里会想到，这竟然会惹得纣王暴怒，直接将九侯的女儿给杀了。

为了泄恨，他将愤怒转移到九侯身上，认为九侯的女儿之所以会说这些话，全是她父亲的教导之故，于是，便派人捉拿了九侯，还将其直接剁成肉酱，纣王之残暴可见一斑。

同为三公之一的鄂侯得到这个消息时，第一时间便来劝阻纣王不要这么做，并给他举了很多例子，也阐述了这么做会离心离德，寒了大臣的心。

可惜纣王非但不采纳鄂侯的建议，还想鄂侯既然要保九侯，那就跟着他一块儿死了吧，于是，进谏的鄂侯也步了九侯后尘，被做成肉干。

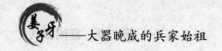

九侯是谁？他是小说《封神演义》里东伯侯姜桓楚的原型，后来姜子牙在岐山封神，封其为帝车星。

身为三公的两大忠臣，都被美色迷住了眼睛的纣王接连处死，这让最后一个三公，也就是姬昌如何不紧张，如何不忌惮？本想着既然担任了三公的职位，便好好治理商朝的他，因纣王的残暴无度而彻底寒了心，同时心里也生出了要推翻商纣暴政的种子。

两位好友死后，姬昌去吊唁了一番。

哪里会想到，这事儿居然会被政治对手崇侯虎给利用。

崇侯虎为了上位，博得纣王的欢心，同时也为了不让自己成为下一个被剁成肉酱的倒霉蛋，便立即去纣王那里表明了自己的忠心，将姬昌去吊唁九侯和鄂侯的事儿说了出来。

纣王一听，这还了得，这不是公然和自己作对吗？可他也碍于姬昌统治周国的强大实力，不敢贸然将其处死。既然杀不得，那就关起来呗，于是纣王下令，将姬昌关在羑里。

这一关，便是七年之久。

姬昌并没有因为被囚禁大牢而郁郁不得志，更没有消极怠慢

的文章来。至此，他潜心研究《易经》，著书立说。

这艰苦的日子。在关押期间，他将伏羲八卦进行整理推演，形成了六十四卦，并写就了一本影响后世几千年的书，此书，便是《周易》。

随着三公的消散，纣王急需帮手来帮自己治理国家，这样他才有时间去进行享乐。经过一番考量，纣王觉得应该起用费仲，根据《晏子春秋·内篇谏上》的记载："殷之衰也，有费仲、恶来，足走千里，手裂兕虎。"

这段话说的便是殷商之所以衰落，费仲便占据了一定的因素。

纣王起用费仲，是因为费仲是他的姑舅亲表弟。

这样一个有着强大背景的人，是怎样的一个人呢？实际上，费仲虽然进谗言，可他本身的实力不容小觑，也属于一代枭雄，在牧野之战时和姜子牙的精锐之师拼了个你死我活，都没有后退半步，虽然最后战死沙场，但也足以表明费仲当时的能力。

《韩非子·外储说左下》记载："费仲说纣曰：'西伯昌贤，百姓悦之，诸侯附焉，不可不诛；不诛，必为殷祸。'纣曰：'子言，义主，何可诛？'费仲曰：'冠虽穿弊，必戴于头；履虽五采，必践之于地。今西伯昌，人臣也，修义而人向之，卒为天下患，其必昌乎！人人不以其贤为其主，非可不诛也。且主而诛臣，焉有过？'纣曰：'夫仁义者，上所以劝下也。今昌好仁义，诛之不可。'三说不用，故亡。"

事实上，费仲上台后，便大力劝说纣王杀掉姬昌，也分析了如今周国的存在对殷商的威胁，可惜纣王不听，要知道现在可是铲除周国威胁的最佳时机，只要杀掉姬昌，周国的威胁便可迎刃而解。

费仲为了迎合纣王的欢心，加上前边的三公死的死，关的关，他也怕步了对方的后尘，落个身死的下场，也就渐渐断了劝说的念头。

既然不听国家治理上的事儿，那就说其他的，费仲能言善辩，阿谀奉承，不再明辨是非，只求一博大王开心，故而他在朝中无恶不作，惹得天怒人怨。

费仲知道纣王和妲己喜欢各种珍宝和异兽，便代行君王之令，于各地征收，不论是粮食还是宝贝，都被他放在鹿台中，塞得满满当当的，所以他得到了纣王的信任。

　　一个费仲，不足以供纣王驱使，为了满足自己全面当甩手掌柜的愿望，纣王又起用了恶来。

　　恶来这个人，自身能力非常强大，骁勇善战，《墨子》记载："纣有勇力之人（恶来），生捕兕虎，指画杀人。"《史记·秦本纪》曰："蜚廉生恶来。恶来有力，蜚廉善走，父子俱以材力事殷纣。"恶来的凶猛程度可见一斑。

　　很快，恶来和费仲成了纣王的左膀右臂，在推动商朝的灭亡上，他们功不可没。

　　姬昌被关押在羑里时，他的好朋友闳夭为其出谋划策，闳夭是后来周朝的开国功臣之一，与散宜生、太颠、南宫并称为"文王四友"。《史记·殷本纪》："西伯之臣闳夭之徒，求美女奇物善马以献纣，纣乃赦西伯。"

　　闳夭深知纣王喜欢美女和各种珍贵之物，便学着费仲，在民间到处搜罗宝物，他将这些东西献给纣王后，果然得到了纣王的欢心，于是趁机提出放了姬昌，得到宝物的纣王答应了这个要求。

　　得到自由的姬昌，第一时间没有想着逃跑，他约见纣王，提出献上自己洛水以西的一大片土地，纣王欣然同意。但姬昌也提出了一个条件，要求纣王废除炮烙之刑。为了得到西边的土地，纣王又答应了，同时还送给他弓箭和斧头，希望姬昌能继续为自己效命。

纣王想得很简单，希望姬昌继续帮助他攻打当时已有叛乱之心的诸侯，却没想到他这么一做，反而让姬昌得到了民心，受到百姓爱戴。

《诗经·大雅·文王》中描述："穆穆文王，于缉熙敬止。"由此可见姬昌的个人风格。

姬昌回国后，暗中休养生息，推行良政。在朝歌的日子，他深感商朝的混乱已经到了无可救药的地步，只有将其推翻，才能重新建立一个完美的国家，为此招兵买马，广罗人才，为的便是壮大自己，以求有朝一日将纣王推翻。

因他的礼贤下士，吸引了许多在商朝为官的人过来投奔，其中便包括伯夷、叔齐、鬻熊、辛甲等人，姬昌全部委以重任，并以礼相待，给足了对方权力和面子。同时为了寻求一个优秀的军师，便拜访已经隐居在渭水的姜子牙，两人详谈军国大计，而后姬昌颁发"有亡荒阅"的条律，规定奴隶归属制度，故而诸侯纷纷响应，叛纣而前往西岐归附姬昌。

姬昌归国后，四处打听能够治理国家的能人，而姜子牙的出现，无疑让他如虎添翼，给强大的周王朝奠定了基础。

我们都知道姜子牙的雄才大略，比如流传于后世的兵书《六韬》，也知晓姜子牙胸怀天下的伟大志向，可惜姜子牙前半生过得穷困潦倒，一直怀才不遇，说惨不忍睹都不夸张。

光阴似箭，岁月蹉跎，当姜子牙遇到周文王姬昌时，已经到了垂暮之年，白发苍苍的他，心怀天下，仍然壮心未老。

姬昌的仁德其实很久之前就引起了姜子牙的注意。

而民间也有传说，姬昌之所以能够从囚禁中放出来顺利归国，实际上是姜子牙给姬昌好朋友的建议，当然，这只是一个传说。

但这传说也侧面反映出了当时姜子牙哪怕穷困潦倒，哪怕吃不起饭，也在时刻关注着天下时局，没有虚度人生，更没有被前半生的黯淡无光而击倒。

所以，等姬昌回国后，他便来到渭水河畔钓鱼。说是钓鱼，实际上在观望时局，希望能够让周文王姬昌注意到自己，像他这样的存在，不可能主动去奔赴，因为他也要亲自交谈过后，才能按照自己的印证来确定周文王姬昌的人品。

光阴似箭，岁月如梭，姜子牙白发苍苍，在渭水钓了许多年的鱼，甚至，在他钓鱼所坐的位置上，都磨出了两个小坑。

而令他名声在外的是，姜子牙钓鱼，颗粒无收。

别人钓鱼都能满载而归，而他钓鱼却常常走空，往来熟识的朋友都建议姜子牙不要在这里钓鱼了，应该去找一份正事做。

但姜子牙只是微笑地说道："你看我钓鱼，可不只是钓鱼。"

因为他要钓的根本就不是鱼，而是假借钓鱼之名，寻找一个能够赏识他才华的雄主。

而这雄主，自然就是此时仁德满天下的西伯侯姬昌了。

姬昌为了寻找人才，也时常到处巡逻，他寻得姜子牙，也算是双向奔赴，因为姜子牙已经等候他多时了。

民间故事传言，姜子牙在河边钓鱼的时候，忽然来了一辆马车，然而这马车周围的人都哭丧着脸。这就奇怪了，明明不是出殡，为何要带上这种表情呢？

于是一番打听过后，才知道其中缘由。

原来，这马车里面的人是一个富贵人家的公子，出门拜师学艺时忽然就昏迷不醒了，而随行的手下在看到自家公子昏迷后，连忙找了医生来看病，结果医生都说这公子得了绝症，会死，让他们赶紧送回去处理后事。

要知道，那时候的商朝还是奴隶制国家，讲究活人殉葬。

自家公子死了，那这些仆从肯定也是要跟着被杀殉葬的，所以姜子牙看到他们时，才出现开头的哭哭啼啼那一幕。

姜子牙为了帮助他们，走进马车查探昏迷不醒的公子，看完过后，高深莫测地说道："你们放心，此人不会死的，而且几日内就会好起来。"

这样的话，在这些随从耳中，无非就是安慰的话，医生都说是必死的了，你一个钓鱼的穷酸人，又怎么能让人信服呢？

众人在哭哭啼啼中护送马车走了。

几日过后，忽然有一队人马来到了姜子牙钓鱼的地方，人马当中走出一个气宇轩昂的青年，他一过来，对着姜子牙便开始磕头跪拜，还说姜子牙是他的救命恩人。

　　原来，这个青年便是前几日被姜子牙断定不会死的那个人，巧合的是，此人的父亲在周国担任重职，是周文王姬昌的得力干将。为了吸纳姜子牙，青年许以重金，但姜子牙都不为所动，最后拒绝。

　　还有一个故事。

　　姜子牙在钓鱼时，从路边走来了两个牵着骏马、穿着军装的武将，来的时候恰逢中午，马要喝水。

　　于是两位武将便牵着马来到姜子牙钓鱼的地方，姜子牙放下钓竿看向其中一人，忽然叹了口气，说道："你这面相，恐怕会有劫难啊，你的赤脉贯瞳，不及时治疗的话，会死的。"

　　两位武将听完后哈哈大笑，觉得姜子牙是个疯老头，在这里瞎说胡话，喝完水后便扬长而去，也没把他的话当成一回事放在心上。

　　果不其然，几天过后，被姜子牙说的那个人忽然暴毙而亡，而且死状跟他所说没有任何区别。

　　巧合的是，这两位武将又是周文王姬昌麾下的守城副将，当那个被姜子牙说中会死的人真的死了后，姜子牙的名字便开始在城里流传起来，说渭水边上有个钓鱼的老头能断人生死。

一传十，十传百，最后传到了周文王的耳朵里，然而周文王姬昌也没有太重视这件事，他要寻找的人，是治理天下的栋梁之材，而不是一个钓鱼的糟老头子。

有一天姬昌外出打猎，在出发前给自己卜了一卦，结果卦象显示："所得猎物非龙非螭，非虎非罴。"

也就是说，这次所打的猎物，不是龙也不是虎更不是熊，而是能够帮助自己成就大业的人。周文王姬昌一番琢磨，深得其意，便朝着渭水的方向走去。

当时姜子牙正在渭水钓鱼，半天过后，忽然听到身后的丛林中传来阵阵马匹的嘶鸣声，等人群走出来后，姜子牙定睛一看，眼前出现一个穿着得体、气质不凡的男人，此人，便是外出打猎的周文王。

而这，便是他二人的第一次相遇。

在周文王眼里，姜子牙更像是一个超脱世外的得道高人，因为他从姜子牙的脸上没有看到半点渔夫该有的表情，反而让他心生震撼，于是走过来和姜子牙攀谈。

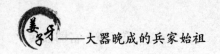

姜子牙从对方的打扮和随从的称呼中，知道此人便是苦等已久的周文王姬昌，便主动攀谈起来。他的毕生所学，经过几十年的沉淀，显得更加博学，这也让周文王感到非常惊讶。

一个钓鱼的老头子，对天下的看法竟然如此独到，而且知识渊博，所知甚多。

根据《六韬·文师》记载，两人初次见面时，曾有如下一番有趣而又富含哲理的对话。

周文王姬昌问姜子牙，道："老先生是真的很喜欢钓鱼吗？听人说您在这里垂钓已经许多年了。"

姜子牙回道："我只知道君子喜欢实现自己的抱负和理想，普通人喜欢做好自己的分内之事，而我钓鱼的道理便与这两个比喻相似，我只是在做钓鱼之事，却并不是真正喜欢钓鱼。"

于是周文王姬昌又问道："那这两件事有什么相同之处呢？"

姜子牙深知这是对方在考验自己，他也不藏着掖着，本来就想趁此机会把自己推荐出去，好实现自己的愿望，便以毕生所学的知识认真回答道："钓鱼跟做人做事一样，有三种权术驾驭人才，第一种便是投以厚禄收买，这就跟钓鱼一样，只是用的鱼饵；第二种便是用重金高价收买死士，让他们为自己赴汤蹈火，这也跟钓鱼的道理一样；第三种便是用官职来招揽人才，也跟钓鱼的道理一样，所以看起来是钓鱼，实际上这里面却蕴含着大道理。"

这番对话让周文王姬昌彻底折服了，眼前这位年过古稀、头发胡子都白了的老人家，是有真才实学的。

抱着测试的心态，他便虚心地说道："我愿意听老先生说说这些深刻的道理。"

姜子牙道："水深则鱼存，水流不息，鱼便生生不息，这是自然中的大道理；树根越深，枝叶越茂盛，果实便越丰厚，这也是自然中的大道理；君子志同道合，有同样的伟大志向，就能亲密合作，事业便可成功，这也是大道理。话不投机，则道不同，言语相对，才能真情流露。我现在说的都是真心话，没有隐瞒，是否会让你感到不舒服呢？"

周文王姬昌知道面前的老头子是个有本事的人，加上对方又以君子称呼他，这也是对他品性的一种认可，自然不会生气，于是回答道："只有具备了仁德品质的人才会虚心接纳别人的谏言，

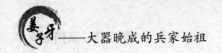

所以我不会不舒服，反倒很开心老先生会这么坦诚相待。"

姜子牙深信姬昌的高贵品质，于是详细阐述出了自己的大道理，他道："你看这垂钓的丝线是不是很细？所以它才能衬托出鱼饵的大，所以小鱼儿就会上钩。而钓丝稍微粗一点，鱼饵味道香一点，那么，周边大一点的鱼就会过来。倘若这钓丝很长，而且鱼饵很丰厚，能够抵达水深的地方，那么，潜伏在里面的大鱼，就会出来吃食。

"这道理便是鱼贪吃这鱼饵，所以会被钓住成为我们美味的食物。就跟人一样，人要是得到了相应的好处，就会贡献自己的力量。所以用鱼饵钓鱼，鱼便是食物，用官职爵位吸引人才，人才便会任其所用。

"以家的基础夺取国家，国家就会被占为己有，以国家的基础来夺取天下，那么天下就能完全征服。可叹的是，这天大地大，国祚悠远，它所有聚起来的东西有一天都会烟消云散，就像曾经的大夏朝夕之间被殷商取而代之，是他们不够强大吗？不是，而是一个人的德性败坏所致。所以圣人的德行、品质，就是百姓的鱼饵，有了这些东西，就能得到人心。"

　　周文王姬昌发现姜子牙能从钓鱼这件事，影射到天下之争，心里的震撼不言而喻。

　　他问道："老先生有什么办法能让天下归心呢？"

　　姜子牙也终于在此刻说出了一句影响后世几千年的话。

　　他道："天下非一人之天下，而是天下人之天下，只有同天下人分享这美好的利益，才能取得天下，如果不愿意分享，就会失去人心，继而失去天下。

　　"天上地下的财富和百姓共同享用，这是圣人的仁，那么圣人应该做什么？圣人应该尽量减少百姓的死亡，解决他们的痛苦，帮助他们处理灾难，救他们于水火之中，这便是恩德。

　　"有恩有德有仁，天下人就会归附，同忧同乐，便是道义所在。百姓通常会厌恶死亡和危险，倾向安逸快乐地活着，所以能为百姓谋取这利益的人，就是王道，而王道，便是民心所向，令天下归心。"

　　周文王姬昌大感震动，已经被姜子牙的真才实学完全镇住了，他知道面前的老头儿一定是个了不起的人物，将他收入囊中的心思，也便越发强烈了，这不就是自己苦苦追寻的治国大才、

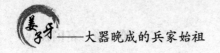

辅政良相吗？

于是，周文王情真意切地说道："以前我国的先王就曾说过，以后肯定会有圣人来我周国，而且我周国也会因为他的到来而兴旺发达，也许先王说的就是您哪，太公，我们盼您盼得太久了。"

所以，姜子牙又被称为太公望。

而初次见面的姜子牙，也得到了周文王的最高礼遇，让他上了周文王的马车。

民间还有一个传说，说当时姜子牙其实特别摆谱，而为了请他出山的周文王，也给了足够的礼遇，毕竟，能上文王的车，普天之下，绝无仅有。结果姜子牙却提出一个要求，那便是让周文王背着他回城。

这话一说，四周的随从都生气了，恨不得用刀剑砍死这个不知好歹的钓鱼的穷老头儿。

结果，周文王还真的答应了。

为了人才，为了千秋大业，他俯身背起姜子牙朝着国都走去，这一背，便足足走了八百零八步。在周文王累得不行后，姜子牙才从他身上下来，还说了一句意味深长的话："你背我走了八百零八步，那我便保你大周八百零八年。"

姜子牙一辈子的知识，便在姬昌的带领下，开始发光发热，厚积薄发。

回到国都，姜子牙便被周文王姬昌尊为太师，姜子牙也不负众望，帮助姬昌制定了一系列非常有用的国策。

比如经济策略中的"九一租税制"，什么意思呢？便是百姓可以租用公家的土地，只要缴纳九分之一的税收就行，这个制度极大地提高了当时的生产效率，也为今后的伐纣打下了牢固的经济基础。

此外，姜子牙也帮助周文王姬昌实行韬光养晦和鼓励瓦解的政策，什么意思呢？对内要抓紧时间搞发展，对外要迷惑纣王，让他觉得自己依然很听商朝的话，降低商朝对己方的警惕性。

当然，姜子牙还暗中采取手段宣传周文王的仁德之政，拉拢了商朝的许多附属国家，致使商朝越来越孤立，尽管当时的纣王仍然是天下共主，可他真正的实力，已经降低了太多太多。

而这一切，都得益于姜子牙。

在谈到天下时，姜子牙跟姬昌说了一句话，那便是："天下非一人之天下，而是天下人之天下，纣王荒淫无道不得人心，我们要做的第一件事，便是宣扬周国的德和仁，二者有了，我们便是人心所向，同时也要行善积德，让百姓相信我们不是纣王那种暴虐无度的人。"

这句话对姬昌犹如醍醐灌顶，令姬昌恍然大悟。

姜子牙便继续出谋划策："我们国家现在还小，整顿国家需要时间，休养生息的政策不能被外部因素影响，所以你要联络其他的诸侯和部落，继续向朝歌纳贡献宝，只有这样才能让纣王放松警惕，不会时刻提防我们。"

姬昌按照姜子牙的意见，开始大刀阔斧地整顿周国，明德行仁，对外以纳贡的方式迷惑纣王，对内则推行爱民之策，行惠民之事，提高生产的同时，也开始训练兵马，为将来的战争做准备。

在姜子牙看来，治天下，要先安民心，再是君臣，再是军队。《六韬·文韬·国务》中便详细记载了姜子牙的治国之道。

周文王问姜子牙："在治国方面，先生有什么良策吗？纣王暴政失去了民心，我应该怎么做才能受到臣民的爱戴，才能让百姓安居乐业，拥护我们周国？"

姜子牙道："治国最关键的地方，便是百姓，万丈高楼平地起，是因为高楼之下有坚硬的地基存在。纣王修筑鹿台，大肆搜刮民脂民膏，便是在掏空他的地基，所以这是不可取的。我们要做的是爱护百姓，做到爱民如子。"

周文王再次问道："怎么做，才算是爱民如子呢？"

姜子牙道："做对他们有用的事，不要给他们带来麻烦，帮助百姓安居乐业，不毁坏他们的成就，让他们开垦良田得以生存，我们不能抢夺，要多给予百姓好处，而不是抢夺他们的利益，这样他们才能高高兴兴的，不会对我们生出怨恨，这样一来，国家的内部环境便稳定了。"

周文王继续问道："能告诉我一下这具体的个中缘由吗？"

要知道，当时的大环境是奴隶制，有战俘，有奴隶，想要做到人人平等，这需要很大的魄力。

在当时的统治阶级眼里，百姓只是自己统治下的人类"牲口"，绝大部分的百姓是没有人身自由的，即便给统治者劳作创造贡献，也没有报酬，能活下来，便是天大的恩赐了。

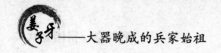

奴隶制本身又是赤裸裸的剥削和被剥削的关系，周文王问出这番话，实际上也在考虑周朝的治国之道。

姜子牙的这番回答，无疑相当超前，他深知在今后的某个时代，一定会结束这种残酷的奴隶制度。

姜子牙对周文王详细解释道："百姓有工作，对他们就是好处，农民不耽误耕种的季节，就有收成，我们如果减免刑罚和减少赋税的征收，就等于让百姓拿到了好处，他们便会对我们感恩戴德。

"同时，我们不能像纣王一样，大兴土木，反而要少建宫殿楼台，节省民力，百姓不来修建宫殿，就有多余的时间进行劳作，他们自然就会更加高兴。

"我们选择的官员也要清廉，不能欺压百姓，更不能用各种苛捐杂税去收割百姓创造的利润，如此一来，百姓就会更欢喜了。

"与之相反的是，倘若百姓失去了工作，农民失去了可以耕种的土地，那我们就是在伤害他们；加重赋税，便是抢夺百姓的财物；修建宫殿，则是增加他们的负担；官吏不清廉，便会让百姓心生埋怨，进而仇恨我们。

所以什么是爱民如子呢？其实就是爱恋他们就像自己的亲人一样，他们饥寒交迫我们要跟着他们一起忧虑，他们辛苦我们就跟着伤心，做到这些，都是爱民如子的具体表现。"

周文王采纳了姜子牙的建议，也在他的帮助下，出台了一系列惠民政策。

想要做到彻底解决统治者与被统治者之间的关系，除却最高层的君主以身作则外，大臣也要跟着学习，但这当中难免会让大臣的利益遭到侵犯，每个大臣都手握重兵，掌握着国家的权力，若大臣对天子不满，那对统治者来说，也是一场巨大的灾难。

当周文王意识到百姓和大臣之间的矛盾后，便又向姜子牙询问起君臣之间的相处之道。《六韬·文韬·大礼》中便记载过此事，主要便是周文王和姜子牙论证君臣的相处之道。

为君之道，为臣之道，以及君臣应该怎样相处才不会滋生矛盾，这点也恰好帮助周文王解决了臣子和百姓之间的矛盾。

周文王问道："君与臣之间的礼节，要怎么去相处才会更合适呢？"

姜子牙回道:"作为君王,就要洞察一切,明察秋毫,既然代天管理这人世间,便要做到一切都在掌控内。作为臣子,就应当服从君主的命令,可以提建议,但不能违背,只有洞察下情,才不会和百姓疏远,这样才能让管理一方的臣子和百姓建立良好的关系。

"君主也应该要惠普臣子,给他们足够的恩惠,这样臣子才会尽心尽力帮君主排忧解难。天地孕育万物,天尊地卑,便是有高有低,君子为天,臣子为地,尊重天地存在的本意,便可确立君主与臣子的相处关系。"

周文王又问道:"作为君主,应该怎样来处理国家大事才算合适呢?"

姜子牙回答得很简单,他道:"先是品德,为人要温和,不能暴戾,也不能急躁,不与百姓争夺利润,便是惠民,不能骄傲,更不能偏袒,要做到大公无私,谦虚谨慎,才是处理国家大事最好的态度。"

姜子牙的半生所学,也在周国这个大舞台上得到了发挥,不仅帮助周国快速提高了国家整体力量,同时还不断向姬昌输出他的用兵之道。为了快速让周国变得更强，姜子牙一刻也没闲着，每天分析天下大事。

周文王忧心忡忡地找到姜子牙，问道："太公，你说这天下为何会有盛有衰呢？为什么再强大的国家也无法避免这种现象呢？是因为统治者的才能不行，还是说这是天道循环的必然因果呢？"

姜子牙知道周文王在担心什么，他担心周朝好不容易出现的大好局面会出现衰败。

姜子牙为周文王的担心而感到开心，只有这种能够以天下之事看待的君王，才有真正的实力打造一个强大国家的盛世。

为了帮助周文王解开心结，告诉他人定胜天的道理，姜子牙思考后便回道："统治国家的君王本身便与其自身能力绑定，君王没有才能，国家必然危险，民众也会陷入混乱，而如果君王是一个很有能力的人，那他治理的国家就会国泰民安，国家的强大与否，盛衰之因，其实和天道循环没有半点关系。"

得到这句话，周文王的心情顿时好了不少。

毕竟大商是正统的人皇治理天下，而他只是一方诸侯，虽然

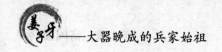

有灭商的雄心，却怕不得民心而遭到天妒，让周朝由盛转衰。

周文王问道："古代的那些君王，他们的所作所为，你能跟我说说吗？"

姜子牙自是求之不得，一个能跟臣子讨论天下事的君王，是一代明君，不然，纵使他腹有万般才华，若是遇到纣王之流，也只能含恨而终，说不好还会犯下杀头大罪，被剁成肉酱。

姜子牙道："三皇五帝，文治武功，帝尧治理天下的那段岁月，便被称为上古的贤明君王。"

周文王对三皇五帝当然了解，但在其治理国家的方面，还是有所欠缺。

姜子牙道："帝尧治理天下，从不用金银珠宝，也不穿绫罗绸缎，更不要民间的奇珍异宝，他不听淫靡的音乐，不享受人生，也不大兴土木装修宫殿，他仅仅用鹿皮大衣御寒，平日里也只是用布衣遮蔽身体。"

说到这，周文王其实有点不好意思了，相比较古代君王的能吃苦，他现在的日常说不上锦衣玉食，但也超出常人。

姜子牙道："帝尧吃粗茶淡饭，吃简单的菜羹，不会因为国家要做什么事而去耽误百姓的劳作，他压住了自己享受的欲望，用仁德去教化百姓，以身作则，倡导无为而治。对于官吏，只要是忠臣和秉公执法的，他便提高对方的爵位，对于爱民如子、两袖清风的官吏，便增加他的俸禄。"

这段话，涉及了用人的层面，周文王已经听出了其中的道理，仍然虚心受教请姜子牙继续说下去。

姜子牙道："帝尧对民间百姓，那些孝顺的、尊老爱幼的，他都会尊重和保护他们；那些终身在田间劳作的百姓，他会去慰问；民间出现是非，他会去认真调查还百姓一个公道。他用公平正义和无私的谨慎处理所遇到的每一件事，用严格的法律和规章制度惩治一切小人和罪犯，哪怕其中有他不喜欢的人，但对方只要有功劳，他也会毫不犹豫地奖赏，而如果他喜欢的人做了违法的事，他也会秉公无私地处罚。

"麾下有孤寡的百姓，他会帮助他们，养活他们，对遇到天灾人祸的人家，会给足够的钱粮去救济。可他自己的俸禄却很微薄，即便是这样了，他也会一心为民，减少赋税的征收，让天下百姓不要忍饥挨饿，不要妻离子散，要他们富足而快乐地生活。

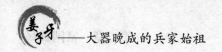
"正是因为这些，百姓才会把他当成自己的父母一样去爱戴啊。"

周文王听闻，不由感慨道："帝尧果真是一代伟大君王。"

至此，周文王找到了自己的目标，他也要成为帝尧一样的明德之主。

夏朝结束了部落时代，建立了我国古代历史上的第一个中原王朝，也是我国奴隶制的开端，刚开始时也多是以明德为主，但是到后期时却江河日下，到第十七代君王夏桀时，国内腐朽，吏治腐败，让夏朝陷入了黑暗当中。

当时夏桀以君王之名，极端压榨剥削百姓，让他们为自己修建豪华的歌舞楼台，让奴隶不分昼夜地工作，导致享有四百年江山的夏朝陷入风雨飘摇当中，而在他的统治下，自己也最终众叛亲离，惹得天怒人怨。

此刻的商朝，和夏朝晚期的夏桀时代极其相似，姜子牙从夏朝的历史中，总结出了治理国家的总纲，并对周文王倾囊相授。

此时的商朝，依旧掌握着天下绝大部分诸侯的权力和土地，在时机未到之时贸然讨伐，必定会遭到重创，得不偿失，所以姜子牙想的是瓦解人心，逐个击破，让诸侯的心思都脱离纣王归附到周国来。

姬昌政治清平，但也有仇必报，在朝歌遭到小人暗算，这人便是纣王左膀右臂之一的崇侯虎，在关押的几年中，崇侯虎一刻也没停止对周国的骚扰，导致西北地区人心大乱。但随着他的回归，又在姜子牙的帮助下，很快稳定了政局，而虞人和芮人也因为周国的良政深受感动，归附了周国，使得周国的国力水涨船高，再次大增。

同时，姬昌也没忘了讨伐崇国，他被关押正是因为崇侯虎的暗算，但想要铲除崇国很难，姜子牙建议，要想铲除崇国，首先要剪掉它的羽翼，意思是先要灭掉密须（今甘肃灵台县）和犬戎才行。

文王受命第二年，在姜子牙的带领下，正式讨伐犬戎。第三年，讨伐密须。第五年，讨伐邘国，连战连胜。第七年，姬昌终于将兵锋指向崇国。

崇国在得知周国攻打密须和犬戎时，深知接下来的便是自己，故而早就做了准备，在国内大肆宣扬周国的残暴，一旦破城，就会屠戮百姓，加上崇国之人都知道姬昌当年被囚禁是因为崇侯虎在纣王面前说的那些话，故此深信不疑，上下一心，誓死与崇国共存亡。

姜子牙觉得这么打下去不行，贸然撤兵的话，又会折损己方的士气，所以他便又献上一良策，既然崇侯虎会收买人心，那自己又为何不能？姬昌觉得这个建议可行，便派人潜入崇国游说：崇侯虎与纣王都是一丘之貉，他们才是真正的坏人，我来攻打崇国不是为了灭掉你们，而是为了救你们于水深火热当中，我和崇侯虎有仇，可和你们没有仇啊，而且你们又没犯什么罪，我又为何要打你们呢？

在游说的同时，姜子牙又辅助姬昌在外围加紧了对崇国的进攻，双方士卒几乎杀红了眼，城墙下更是血流成河，尸体堆成了山。

但就在这关键时刻，姬昌下令撤军了。

不仅周国将士不信，连崇国那群杀红了眼的将士都不敢相信眼前这一幕会是真的，但城下的士兵的确犹如潮水一样退走了。

这时候，姬昌再次派人宣扬此前所说的话：我的仇人只有崇侯虎，而不是崇国百姓，杀他是为天下人除害。

等这消息在崇国上下传开后，百姓瞬间破了心理防线，这些年崇侯虎的所作所为，大家都看着呢，而周国近来的明德仁政策略已经在诸侯中传开，于是崇国百姓纷纷放弃抵抗，不愿意再为了一个喝人血的恶魔崇侯虎卖命，原本固若金汤的崇国国门，就这样轻松地被姬昌拿下。

这一切正是归功于姜子牙的兵法谋略，姜子牙深知民心的重要性，故而轻松地又让周国的实力得到了提升。

拿下崇国后，姬昌并没有直接率领大军离开，而是选择在附近大规模建设丰邑，并在姜子牙的建议下，将都城由原来的岐山周原东迁到了渭水平原，史上称之为丰京。

创业容易守业难，如今的周朝也算是家大业大了，各方诸侯朝拜，加上此时的周朝已经是名义上的西方诸侯中的霸主，摊子大了，每一步都要走得小心翼翼，一方面要提防纣王的猜忌，防止他大军来袭，另一方面又要将刚打下来的土地合理利用上。

不然到手的山芋还没焐热便没了，岂不是很糟心？

治理好一个地方，便是守卫了一个国家的国土，典型的艰巨

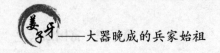
任务。

周文王便找到姜子牙问道:"太公,你有什么好办法帮助我守卫国土吗?"

周朝刚拿下崇国,地盘越发扩大,但崇国人毕竟不是周朝的百姓,对周朝的统治要说不排斥那是假的。

姜子牙考虑过后,道:"主要是用人,现在时局混乱,当亲近宗亲,不要疏远他们,给他们实权。"

这是什么意思呢?一人得道鸡犬升天,周朝越强大,依附姬昌的宗族势力便会水涨船高,同理,周文王没落,他们也得不到半点好处,反而会首当其冲地受到攻击,故而他们想要抱住周文王这条大腿,保护好自己的权力,就必须尽心尽力地为周文王办事。

乱战之下,亲人尤重。

姜子牙道:"除却宗亲之外,还要安抚民心,不要让他们害怕我们,同时还要和左邻右舍的诸侯搞好关系,更要控制能够驾驭四方的人才。"

周朝虽然是强大的,但并不稳定,人才稀少,兵丁不足,仅靠如今的威望难以承载这座帝国大厦，所以必须处理好周边关系，才不会被人乘虚而入，将好不容易打下来的果实拱手让人。

周文王听得连连赞同。

于是，姜子牙继续出言，他道："对内，我们要高度集中自己的权力，不能让统治核心的权力流落到别人的手里，要充分信任自己的亲人，因为，一旦权力落到了别人手里，那大王你就危险了。"

这番话，其实是姜子牙在给周文王提示，不能大权旁落，更不能让外戚专权，否则将会直接威胁到中央王权的统治能力。

"不能舍本逐末，更不能损下益上。太阳出来，便是晒太阳的机会，我们可由此推断出，当我们手里有兵刃的时候，就要立即做出分割的动作，把握住机会；手中有战斧的时候，就要抓住进攻的战机。

"没有太阳却出来晒太阳，这便是失去了时机。没有合适的兵刃反而去割东西，这便是本末倒置。有战斧却不去攻打，坏人自会上门来。涓涓细流，终将汇流成河，星星之火也会成为冲天大火。

"地里的种子别看它很小，可有一天它会成为参天大树，到时候就要花费更多的力量去砍伐它了。所以，大王，你一定要让国家富裕，国家不富裕的话，百姓也没有好处，给不了他们好处就谈不了'仁'这个字。没有恩惠和利益，宗亲也会说你这不好那不好，宗亲疏远，人心就散了，国家也就衰亡了。也不要将克制敌人的宝贝交给别人，要自己掌握，授人以柄反遭其害便是这个道理，也就无法善始善终了。"

周文王听得津津有味，便再次问道："怎么做，才能担得起这个'仁'字？"

姜子牙道："敬畏天下，心怀百姓，团结宗亲，就能做到天下和睦，这便是施行仁义的标准。不能让别人削弱了你的权力，毁坏了你的威严，要遵循自己的明德，顺着常理对待每一件事。对听话的诸侯给他好处，对不听话的，就果断出手讨伐。这样的治理手段，便能让百姓臣服，让诸侯臣服了。"

周文王接受了这个建议，授予姬氏族人强大的权力，同时也挑选出了有治理能力的人才来镇守崇国，然后便马不停蹄地和姜子牙继续向南拓展，在姜子牙的帮助下，很快便将势力范围延伸到长江、汉江流域。

至此，近三分之二的天下尽入周国之手。

一个国家的繁荣昌盛，离不开统治者的英明神武，也不能少了良臣良将的辅佐。

周朝只有一个姜子牙肯定不行，虽然此时还有周公、闳夭等人辅佐周文王，但周文王心里也迫切地需要更多的人才。当时又没有科举制度，寒门难出贵子，更别说实现阶级的跨越提升了。

天下虽大，想要网罗贤人，和大海捞针没什么区别。

周文王能遇到姜子牙，是伯乐遇上了千里马，可这茫茫人世间，又有多少千里马能遇到自己的伯乐呢？

阶级的固化，拉帮结派，利益共同体的出现导致派系之间的攻守同盟，难以真正地对国家产生效益，反而成了蚀骨之蛆。

于是，姜子牙给周文王阐述了举贤与用人之道。

流传于后世的兵书《六韬·文韬·举贤》中，周文王问道："我以仁德治理周朝，广罗天下人才，可这些人才又不能辅佐于我，加上现在局势又越来越混乱了，甚至有可能让我大周陷入危险当中，这是为什么呢？"

姜子牙道："这是因为人才没有得到重视，推荐上来的人才如果不给他放在合适的位置，或者不给他实权，那这推荐也就成了虚设，只有表而没有里。人才得不到充分运用，对国家来说，也就成了损失，自然无法对大王产生帮助。"

周朝能出一个姜子牙，但并非人人都是姜子牙，也不可能一来就坐到太师的位置，成为一人之下万人之上。

周文王知道这个道理，遂问道："造成这样的问题，太公觉得到底是怎么回事呢？"

姜子牙道："根本源于大王所用的人，是别人以人才的名义推荐上来的，却忘了真正去考验人才的本领，这便导致真正有才华的人，反而得不到发挥，被埋没。"

周文王不是很明白，在他看来，既然是推荐上来的人才，那便必有所长，否则也担不起"人才"二字。

这点姜子牙深有体会，前半生的苦寒，让姜子牙深知底层百姓的辛苦，也知道有多少人因为出身的卑微，而将满腹经纶终日埋没在田间。

周文王问道："此话何解？"

姜子牙对这个问题回答得相当犀利，一语道出了当前国内在用人上面临的问题，几乎一针见血，将矛头直接指向固有的统治阶级。

姜子牙道："大王现在挑选的人才，是因为被人称赞有本事才用的吧？那么，被人诋毁甚至说成没本事的人，又是否真的如大王所看到的这样呢？

"想要利益最大化，必然会拉帮结派，固定的群体便会推荐为他们服务和谋利的人上来，而没有共同利益的人，则会被淘汰边缘化，得不到认可和重用。

"长此以往，真正的人才通道便会被彻底堵死，而由派系推荐上来的人，他们就会互相勾结在一起，结党营私，阻碍真正的人才出现。

"这样的结果便会导致朝堂之上的忠臣良将会被众多的小人诬陷，令他们寒心。这些小人呢，因为是一个群体，所以每个人都会为自己人说好话，专挑好听的话说给大王听，大王在没有认清实际的情况下，便赐予他们爵位和利益，这就导致了朝堂混乱。朝堂混乱，就没有真正的人才治理国家，国家便会跟着混

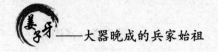

乱，结局可想而知，自然是无法避免地让国家陷入危亡当中啊。"

周文王听后大惊失色，万万没想到大周朝内的人才居然会是这样推荐上来的。

周朝想要变得更加强大，便要铲除这个顽疾，他问道："太公可有方法，帮我分辨什么样的人才才是真正的人才？"

姜子牙见周文王一心想要壮大周朝，知道对方是真心实意地想要改革周朝的体制，他也为这种魄力而折服，于是说出了自己的办法，他道："文臣武将要分开推荐，根据所需要的官职而推荐相应的人，并且推荐之后，大王要亲自去核实和验证对方是否真的有真才实学，要判断他们是不是真的表里如一，如推荐中所说的那样，如此一来，才能找到真正能为大王和为大周朝分担重任的人啊。"

周文王采纳了姜子牙的意见，这便解决了人才的任用机制问题，也间接打破了固有阶级对各种重要职务的垄断，让寒门有了出贵子的希望。不得不佩服周文王的勇气，这也侧面反映了周文王的德性，能听人所言，并为其所用，这也让姜子牙的谏言有了发挥的机会。

解决这个问题后，周文王便考虑到了刚才姜子牙所提到的拉帮结派的这一类人，想要找到真正的人才，这群毒瘤，就要铲除，否则势必会对自己的统治造成威胁。在《六韬·文韬·上贤》的记载中，周文王问姜子牙道："在太公眼里，我现在所用的人当中，哪种人应该居上，哪种人应该居下，哪种人可以重用，哪种人应该清除，哪些事应该严格禁止，哪些事可以默认稍微制止就行呢？"

其实这便是用人之道，周文王从天下讨论到国务的治理，再到人才的分析，归根结底，是他意识到了改革的核心所在。故此，姜子牙回道："有才能的人在上，没有才能的在下，要任用态度诚恳且守信用的人，排斥两面三刀的奸诈之辈，且要严格禁止暴乱和无度的挥霍，要倡廉，所以大王应该要注意'六种坏事'和'七种坏人'。"

周文王虚心道："请太公明解。"

姜子牙爽快道："六种坏事，即臣子或是宗亲等人不顾国家财政，不体恤民情而大兴土木，建造宫殿，不仅劳民伤财，还会严重损害大王在百姓眼里的形象，得不偿失，这是其一。国内的百姓有好吃懒做之辈，平时游手好闲，惹是生非，又不服从官吏的管教，且多次干伤天害理的事儿，这便有损大王的教化，这是其二。臣子结党营私，阻挡真正的人才入仕，拉帮结派，蒙骗大王，这便有损大王的权力和威望，这是其三。有的百姓自命不凡，自恃清高，私下里却和诸侯偷偷来往，不尊重大王您，那便是不尊重天子威信，这是其四。臣子看不起由大王封赐的官职和爵位，在其位不谋其政，只想着浑水摸鱼，这是懒政，也浪费了人才，这是其五。其六则是强大的宗亲以及大臣肆意抢夺百姓的财物，便损害了百姓对大王的期待。"

姜子牙侃侃而谈，将所有问题逐一排列而出，道："大王可想知道'七种坏人'具体指的是什么吗？"

周文王还在思考姜子牙刚才的话，特别是宗亲和大臣的拉帮结派阻碍人才通道一事，让他心头震惊的同时，也暗下决心，不论付出多大的代价，也要亲手将这个顽疾给治理了，大不了大义灭亲。

底层建筑决定上层高度，根基不牢，万丈大厦也将倾倒，想要和存在几百年的商朝抗衡，并非一朝一夕之功，只能从各方面下手。

听了姜子牙的问话，周文王拱手道："请太公细说。"

姜子牙抚须笑道："一是有些人并没有真正的本事，但在大王的重赏之下，为了得到爵位和赏赐，在不注重战略和战术的情况下侥幸赢得了胜利，这不是常态，而是偶然，所以大王要慎用这种人。

"二是对于徒有其表而没有其里，专门靠一张嘴忽悠人的投机倒把分子，这种人大王也不要重用，并且杜绝这种人参与各种计谋的决策，因为他们没有真正的实力，只会对善者打压，对位高者吹捧，实则不值一提。

"三是清高之辈，以廉洁为标榜，说是不追求功名利禄，实际上他的自我标榜，本就是在宣扬自己，想要引起别人的注意，这不是追求功名还是什么呢？这种虚伪之辈大王也要远离。

"第四种啊，这种人大王身边就很多，他们游走天下，见多识广，能言善辩，说话的时候夸夸其谈，让人不知真伪，好让自己显得博学多识，这样的人一旦不得志，就会躲在暗处诽谤他人和现实，进一步中伤大王的名望，此乃奸诈小人之流，大王必不

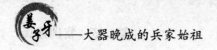

能用这类人。

"五是阿谀奉承,只想靠拍马屁获得官职的人,这种人贪图功劳,行事鲁莽不顾大局,盲目庆功只会陷自己和同伴于危险当中,所以大王要自己辨认,不要对这种人委以重任。

"六是需要避免一些净做表面功夫的人,总劝大王建设奢华的宫殿,而这会导致百姓无心耕种,所以大王要明令禁止,且远离这样的人。

"七是妖言惑众,以巫术和符咒坑蒙拐骗别人的人,更要禁止。"

不难看出,姜子牙对人性的剖析,已经到了一个极深的境界。

周文王深有体会,这些年周朝在他的治理下,国力蒸蒸日上,让一些人模糊了眼睛,看不清楚真实的现状。

姜子牙紧接着道:"不能体恤国家的困难便不是好的百姓,不要也罢;不能为国家服务的人,便不属于我国臣民;谋士不能提出有效的谏言,便不可称之为谋士;官吏不能治理一方,爱护民众,便不是好官吏,应当革职;宰相不能为大王分担政务,不能治理国家，那便让他下台。

"大王您要将目光放长远，才能看得深，看得透彻，才能做到事无巨细洞察一切。要庄严威仪，才能让人敬畏，隐藏自己的情绪，才不会被小人利用钻空子。不论是谁犯了错，都要加以谴责惩治，否则奸臣就会蠢蠢欲动。对于该杀的人而不杀，不仅会让律法丧失威严，更会祸害百姓。对于该讨伐的国家而不及时讨伐，那么敌人的机会会变得无比强大而不受控制。"

周文王听完这番话，点头赞道："太公深谋远虑，为我大周之幸。"

一篇《举贤》，论述"伤王之德""伤王之化""伤王之权""伤王之威""伤功臣之劳""伤庶人之业"等"六贼"。又总结了"勿使为将""勿与谋""勿近""勿宠""勿使""禁之""止之"等"七害"。姜子牙的眼光，早已不在一个国家上，而是在整个天下当中，故而能够看得透彻。

周朝这边南征北战，对外剪除崇国的威胁，对内大力整治，国泰民安，吏治清明，创造了一个恢宏的大周文化。

灭崇国建立丰邑，伐邘国，灭黎国，天下诸侯归附，《论

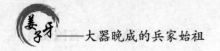

语·泰伯》称其"三分天下有其二，以服事殷"。

周文王继位第四十四年，正式受命称王，史称周文王。

反观此时的商朝，已经被周朝逐渐包围，加上内政残暴，导致麾下诸侯王都归附到了周国，几乎处于一个孤立无援的境地。

周国在姜子牙的治理下，兵强马壮，已经有了和商朝一较高下的底气，这时候姬昌问姜子牙，是不是可以向商朝出兵了？姜子牙笑着摇头道："还不是时候。"

虽说当前的纣王残暴无德，可他还是人皇，气数犹在，内有良相武将辅政，外有震慑四方的数十万大军。周国虽然经过这些年的发展，国力得到了提升，但是也就在众多诸侯王中属于佼佼者，和庞大的殷商帝国比起来，仍旧相差甚远。

伐纣需师出有名，若无正当理由发兵，不得人心。

天时地利人和没有半点落在周国，当然不是伐纣的最佳时机。

周文王很是疑惑，须知此时的商朝早已天怒人怨了，为什么还不能出兵？周文王说道："现在的纣王还不够残暴吗？筑炮烙台，滥用酷刑，杀害了那么多的无辜百姓，太公不妨帮我想个办法，怎么才能尽快出兵去解救天下受苦受难的黎民百姓。"

姜子牙道："之所以现在还不是时候，是因为时机未到。首先我们的实力还有所欠缺，所以大王的当务之急不是急着出兵伐纣，而是把国家治理好。"

周文王听到这句话，顿感头大，此前时常和姜子牙讨论治国之道，也的的确确按照他的建议将各项政策落实了下去，如今周国国力蒸蒸日上，他怕再不出兵，自己的愿望就要实现不了了。

姜子牙道："大王，切不可急躁，您要修德明操，礼贤下士，用实际行动来给予百姓恩惠才行。再则要观察天时，天时便是天道的凶吉之兆，如果上天还没有对天下降下祸殃，那么现在就不能去伐纣。

"天时不在，人和就不会有变动，人世间没有巨大的灾变，更不能出动军队，除非这时候上天降下了祸殃的征兆，然后天下各地百姓都在发生巨大的灾变行为，才能进一步去谋划伐纣这件事。"

纣王虽然荒淫无道，但朝堂内在比干等良相的治理下，商朝整体上的根基还未动摇，而祸殃也没有全面波及地方百姓，所以

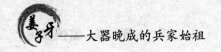

此时的商朝看似摇摇欲坠，但还保留着一批强大且忠心耿耿的军队。

周文王重重叹了口气，道："可若是错过了机会，只怕我大周大业无望啊。"

姜子牙安慰道："凡事要看全面，明面和暗面都要看清楚，才知道一个人的想法，两面俱到，才能看透别人的意图，要弄清楚该疏远什么人，亲近什么人，才知道人的感情。大王，如今大周在您的治理下，已经在变得强大了，不用操之过急，我们要做的是一击必胜，而不是高举伐纣大旗，最后让自己骑虎难下，谋定而后动，才能大局在握。"

周文王当然明白这个道理，他也正是看到了周国的变化，才积极推动伐纣之战的。

姜子牙又道："治国强军富民，是大王的首要任务，也要一直坚持实施，不能怠慢，要遵照途径寻找伐纣的契机，有了这个契机的出现，我们才能去想办法争取战斗的胜利，不战而屈人之兵，才是计谋的最上乘，不通过战斗，我们的部队就不会有损伤，部队完整，而这就需要高超的智慧来指挥，所以，这就很微妙了啊。

"如果我们能与商朝的百姓同心同德，能在他们困难的时候给予及时的帮助，能帮忙去除他们厌烦的事物，才能做到大致上的同心。这样一来，即便是没有军队，商朝的百姓也能帮助我们战胜敌人，而我们即便没有天险，也会有人来帮我们坚守。便是这个道理，希望大王能明白。

"拥有大智慧的人，往往能在无形中用别人看不见的智慧去谋划大事，做到大局在握。拥有大勇敢的人，能够在刚刚接触敌人的时候就消耗对方的有生力量，而这种勇敢，却往往不是别人能够看得出来的。

"谋大利，却看不见大利，为何？因为谋大利之人会把利益分给天下人，故此天下人拥戴，危害天下的人，天下人自然就会反抗。大王觉得，现在纣王有没有全面危害到天下呢？"

周文王一听便没了脾气，的确，纣王尽管对朝歌城内的百姓表现残暴，但数量不多，加上全国大部分百姓还是信任纣王的，所以纣王并没有完全离心离德。

商朝属于奴隶制，百姓的思想还没有得到解放，生而为奴，思想上便根深蒂固地就是奴隶，理所应当地觉得自己就该做奴隶要做的事，即使在统治者的高压剥削之下，顶多心怀不满，或是发点牢骚抱怨天地，却绝对不会产生以奴隶之身来掀翻统治者的想法来。

虽然大秦帝国有陈胜、吴广的"王侯将相宁有种乎"，但是此刻还是商朝，百姓思想也不像春秋战国时期的诸子百家思想齐放，故而大多还是麻木的，像是木头人一样被统治者肆意操控。

若他们懂得反抗，那活人殉葬也早该结束了。

周文王听后，摇了摇头，以纣王现在的暴政而言，的确还没触及最后的底线。

姜子牙则继续道："天下，并不是一个人的天下，也不是统治者的私人物品，而是天下所有黎民百姓和苍生的天下。能够获得天下的人，就像是在追杀一头巨大的猛兽，因为天下所有人都希望能够吃到这猛兽的肉。又像是大家都坐在一条船上，需要大家一起努力划，才能让船尽快靠岸，因为这时候便是利益共同体，追不到猛兽，那大家都吃不到，渡不过河，大家都会跟着遭灾。

"所以只有和天下人的利益相同了，天下人才会开诚布公、坦然接受而不会犹豫着拒绝。此前我们也说过这个道理，看似没有从百姓手里得到好处，实际上已经拿到了好处。为什么呢？因为虽然没有抢夺他们的财物，可他们会反过来支持我们啊。"

这句话对周文王很是触动，特别是姜子牙经常和他提起的"天下非一人之天下，而是天下人之天下"，让他重新确立了自己对待天下的看法，也让他明白了只有站在高高的地方，才能去俯瞰一切，才能仔细洞察其中的利害关系，趋利避害，做到利益最大化。

周国想要坐稳天下，不该以简单的改朝换代模式，毕竟，在不得到百姓拥护的前提下，即便是得到了天下，最终也会被群起而攻之，因为不是利益共同体，自然没人来拥护和爱戴。

姜子牙道："这些，便是战略之术的神奇之处，全程让人无法发现。猛禽捕食在将要发动攻击时，先锁定目标，再低空飞行，最后收敛双翼，发动雷霆一击。猛兽要搏斗之时，往往俯下身子蓄力，而圣人在将要做大事的时候，也要先表现出愚笨的样子，不仅能迷惑敌人，也能保全自己。"

姜子牙这番话，是在点明周国现在虽然有纣王赏赐的斧头和弓箭，那是因为明面上周文王是听纣王差遣的，所以才有开疆拓土的权力，在纣王看来，不论周文王打下多少疆土，都是属于大商的。

周文王恍然大悟，也彻底断绝了想要伐纣的心。

姜子牙见目的已达到，便出言道："现今环绕在纣王身边的都是奸臣，他们妖言惑众，长期把持朝纲和比干等人作对，所以他的朝堂是混乱的，而纣王本身又贪得无厌，大肆搜刮天下奇珍异宝，抢夺百姓的财富，欲望无休止，这其实已经是大商要亡的征兆了。

"再看他的田野，还有多少人在耕种呢？纣王修鹿台，不知道抓了多少壮丁去当苦力，导致田野荒废，杂草丛生，百姓又能挺得了多久呢？再说他的民众，为了不被纣王杀害，只能为非作歹，违背良心助纣为虐。他的官吏也是如此，大部分残暴不堪，为了讨纣王和妲己的欢心，便欺负地方上的百姓，破坏法治，扰乱朝纲，若有百姓反抗，便动用酷刑，而纣王却没有意识到这对国家的危害有多大。

"这便是他亡国的时候到了，阳光普照大地，万物生辉，这时候我们再调动大军出发，那么百姓才会拥护，我们才是师出有名，是真正的替天行道，这才是圣人有德有仁的行为，尽管别人看不透，但圣人自己，会在这运筹帷幄当中去享受这种快乐。"

姜子牙对周文王充分强调了伐纣的策略，对内要礼贤下士主修德，惠民而关天下事，对外要通过不断观察当前局势来分析是否战机已到，是否民心已归，战机不成熟时要创造战机，战机已到时要把握战机，这样才能不战而屈人之兵，才能夺取天下。

此后数年，周文王不再过问伐纣之事，一心一意治理国家，当国力稳定后，他开始了南征北战，让周国的版图再次扩大。同时也在此期间发动了对崇国的灭国之战，崇国是商朝的重要防线之一，实力强大，盘踞一方。

在姜子牙的指挥下，强大的崇国灰飞烟灭。崇国的覆灭，让商纣的羽翼被剪除，整体实力也大打折扣，这时候周文王伐纣的那颗心又开始蠢蠢欲动起来。

毕竟崇国都灭掉了，周国也没了后顾之忧，那现在，是不是说明战机已经到了呢？结果就在周文王准备大展拳脚开启伐纣之

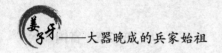

战时，姜子牙又提出了反对意见。

周文王彻底纳闷了，这些年的发展肉眼可见，此时不打更待何时？

周文王问道："如今我们兵强马壮，要人有人，要钱有钱，又连续战败了犬戎、密须等国家，连崇国都被我们拿下了，太公为什么觉得还不能发动灭商大战呢？"

姜子牙道："此前我与大王说过，出兵讲究天时、地利、人和，大王觉得我们现在三者皆有了吗？"

不论姜子牙怎么说，周文王此刻都觉得时机已经到了。

姜子牙叹了口气，为了打消周文王在不对的时间里伐纣的念头，便耐心解释道："我们现在看似很强大，有气吞山河的雄心和魄力，实则非也。纣王气数还未全尽，商朝统治天下几百年，底蕴十足，尽管我们剪除了崇国，可他朝中还有比干等良相执政。只要比干还在，我们便失去了人和。"

周文王道："比干现在情况也不是很好，政治上备受打压，据说早就把纣王惹怒了。"

姜子牙道："大王可别忘了，比干是纣王的叔叔，是一家人，纣王无德但比干有德，比干在民间很有拥护力。"

周文王问道："那你说现在应该怎么办？正面不能强攻，背面又缺乏天时地利，难道伐纣之战就要这么一拖再拖吗？"

姜子牙摇头道："不在正面战场上发动决战，但是我们可以用谋略的攻势，来让纣王尽快丧失人心，瓦解他的内部政权啊。"

姬昌一愣，问道："谋略攻势，什么意思？"

姜子牙回道："谋略攻势，指的是在计谋层面上来攻打对方，一共有十二种方法。"

姜子牙所说的十二种谋略，便是《六韬·文伐》中的十二种伐纣办法。

全文如下：

一曰，因其所喜，以顺其志，彼将生骄，必有奸事。苟能因之，必能去之。

二曰，亲其所爱，以分其威。一人两心，其中必衰。廷无忠臣，社稷必危。

三曰，阴赂左右，得情甚深，身内情外，国将生害。

四曰，辅其淫乐，以广其志，厚赂珠玉，娱以美人。卑辞委听，顺命而合。彼将不争，奸节乃定。

五曰，严其忠臣，而薄其赂。稽留其使，勿听其事。亟为置代，遗以诚事。亲而信之，其君将复合之。苟能严之，国乃可谋。

六曰，收其内，间其外，才臣外相，敌国内侵，国鲜不亡。

七曰，欲锢其心，必厚赂之；收其左右忠爱，阴示以利，令之轻业，而蓄积空虚。

八曰，赂以重宝，因与之谋，谋而利之，利之必信，是谓重亲；重亲之积，必为我用，有国而外，其地大败。

九曰，尊之以名，无难其身，示以大势，从之必信。致其大尊，先为之荣，微饰圣人，国乃大偷。

十曰，下之必信，以得其情；承意应事，如与同生；既以得之，乃微收之；时及将至，若天丧之。

十一曰，塞之以道。人臣无不重贵与富，恶死与咎，阴示大尊，而微输重宝，收其豪杰。内积甚厚，而外为乏。阴纳智士，使图其计。纳勇士，使高其气。富贵甚足，而常有繁滋。徒党已具，是谓塞之。有国而塞，安能有国？

十二曰，养其乱臣以迷之，进美女淫声以惑之，遗良犬马以劳之，时与大势以诱之，上察而与天下图之。

十二节备，乃成武事。所谓上察天，下察地，征已见，乃伐之。

周文王听从姜子牙的建议，采纳了这十二条伐纣的策略，虽然他没有亲自率领大军攻打纣王，但经过这十二条策略的影响，也让周国的实力达到了一个巅峰。

《六韬》中的《文伐》，属于政治和外交的范围，主要目的是分化瓦解和削弱敌人，为将来的战争奠定基础。

而这十二条策略，也从侧面反映了姜子牙的军事实力水准，证明姜子牙不仅能治国，而且还擅长用兵。

又过数年，周文王生了一场大病，此刻的他生命垂危，已经步入人生倒计时。周文王一生之志便是兴周灭商，却终究没能完成愿望，他感觉自己时日无多后，便将姜子牙和儿子姬发召到身旁。

周文王看着面前站立的两人，一个是和他无比相似的儿子，一个是他信任的太公姜子牙，回顾自己一生，金戈铁马，殚精竭虑，为周国操尽了心，如今就要驾鹤西去，心里未免感到遗憾和不甘。

周文王对姜子牙道："我的病迟迟不能好转，看来是真的要死了，周国的江山社稷，就托付给太公你了。现在我只想效仿古代先贤，把治理国家和悬壶济世的方法公开地传承下去，让我的子孙继承我的遗愿。"

看着奄奄一息的周文王，姜子牙内心自是痛苦不堪。周文王是他的伯乐，让他有了机会在天下大施拳脚，才有了现在威震一方的太公姜子牙，两人虽然是君臣，实际上早就是惺惺相惜的朋友。眼见周文王兼自己的好友就要死亡，姜子牙深情地问道："大王，你想要问什么，都问吧。"

周文王睁着眼睛，用最后的力气问道："古代圣贤安邦济世的方法以及废止和兴盛可以详细说给我听听吗？"

姜子牙强忍内心的痛楚，道："看见善事不做而懈怠，时机到了犹犹豫豫拿不定主意，明知不是好事却流连忘返享受安逸，这三种情况一旦同时出现，那么，道就要衰败了。所以要谦和要宁静，要怀着敬畏之心去待人接物，刚柔之间能容人。忍而能刚正处事，这几种情况出现，便是大兴的征兆。

"所以要理智胜过欲望，国家就能昌盛，欲望大于理智，国家就会灭亡。积极敬畏的态度胜过懈怠，处事便会吉利，懈怠懒惰胜过积极，凡事就会失败。"

在周文王最后的时间内，姜子牙给他的好友阐述了治国之道，告诉他国家的兴亡是"柔而静，恭而敬，强而弱，忍而刚"，又给他论证了这句话的思想，而这些都是姜子牙研究了历朝历代以及各大国家的强盛和灭亡总结出的。

大夏的太康之所以会失去王位，是因为他喜欢打猎，为了享受而不理朝政，故此被后羿赶到阳夏，最终失国而亡。

犹如太康，后面的亡国之君夏桀亦是如此，周文王将这些道理仔仔细细地传授给了儿子姬发，嘱咐他一定要用心铭记，不可遗忘。

公元前 1056 年，即周文王五十年，这位有着坎坷一生的伟大人王，结束了他遗憾的一生，享年九十七岁的他，至死也没有等来伐纣的那一天，只能把自己的霸业理想放在儿子姬发身上，因为姬发和他有相同的品性，他也深信姬发在姜子牙的辅佐下，能够成就大周的千秋霸业。

他留下的《周易》流传千秋万代，他的治国思想被后人称颂，临终遗言《保训》对后世影响深远，其核心的"中"字，与后来的儒家"中庸之道"不谋而合。

姜子牙不负所望，不仅帮助姬昌建立了强大的周王朝，还帮其打下了牢固的政治壁垒，让周朝的国祚得以延续八百年之久。

文王时期，天下三分之二便归周国所有，这三分之二中，其一是周国统治的今天陕西、甘肃、豫西等地区；另一部分则是如今南方的四川、荆楚一带，还包括江西乃至吴越地带；剩下的便是华北地区，还有东夷部落所在地。

早在纣王时期，商朝便同东夷爆发了数次战争，根据《左传·宣公十二年》记载："纣之百克，而卒无后。纣克东夷，而殒其身。"说明纣王统治的商朝在这里和东夷的战斗打得相当惨烈，而且旷日持久，不论是人力还是物力方面都极大地消耗了商朝的底蕴，也为后来的周公攻打东夷打下了基础。

牧野之战只持续了数日，然而周公攻打东夷，却足足打了三年，可见东夷的实力强大，当然了，纣王对东夷的猛攻，也消耗了东夷的力量，不然的话，周公也不会在后来赢得战争的胜利。

而纣王正是在姜子牙的种种策略布局上，一点点地走向孤立无援的。

第三章

伐纣之战

姬昌崩殂后，姜子牙联合几位大臣拥戴姬发继位，是为周武王。为了完成父亲的灭商大业，周武王尊姜子牙为他的师傅，周公（弟弟）做他的宰相，召公、毕公等一班人为自己的左膀右臂，遵循文王在世时的战略方针，并且把一切都彻底落实了下去，而他这个做法，便表示了周国即将灭商的决心，而不是一纸空谈。

在想要伐纣之时，周武王姬发曾问过姜子牙三个问题。

周武王问道："予欲立功，有三疑，恐力不能攻强、离亲、散众。"

意思是我想要建立千秋万代的伟大事业，想要结束纣王的残暴统治，但是我心里有三个疑惑始终解决不了，一是我担心自己的兵力不够，也担心士兵的战斗力不强，不足以和强大的敌人战斗。

二是我没有足够的情报知道敌人的具体情况，而且现在他们的得力干将有很多，势必会对我们造成威胁，应该怎么做才能离间他们为我所用？

三是我怕打不过敌人，他们实在太强大了，虽然纣王失去了民心，可他的部队还在啊，我要怎么才能瓦解他们的军队呢？我应该用什么方法才能解决这三个问题？

姜子牙道："因之，慎谋，用财。夫攻强必养之使强，益之使张。太强必折，太张必缺；攻强以强，离亲以亲，散众以众。"

这段话的意思是指要因势利导，向有利于实现目的的方向去努力和引导，部署周密的计划，恰当地使用财力物力。想要攻打强大的敌人，一定要让他们的气焰更加嚣张，让他们骄傲，让他们疯狂。

骄兵必败，只有骄傲的时候，他们才会受到挫折，而张狂更容易加以破坏，所以想要攻打强大的敌人，就先满足他们，让他们看不起我们，这样我们才能找到击败他们的机会。

而如果想要离间敌人身边的亲信和得力干将，那么，我们就要让他们另外的亲信去散播谣言，流言能让他们互相猜忌，离心离德，敌人自然不会铁板一块，这样就达到目的了。

除此之外，想要驱散敌人的部队，就要给他们足够的恩惠和好处，告诉他们，如果投靠了我们，能得到什么，而如果继续留在敌人身边，就会失去什么，这样一来，他们的军心就会动摇，从而归顺我们。

姜子牙说完，怕周武王不明白这番话的意思，便又说出了一番话，具体到了每个计划的细节以及实施，他道："凡谋之道，周密为宝。设之以事，玩之以利，争心必起。欲离其亲，因其所爱，与其宠人，与之所予，示之所利，因以疏之，无使得志；彼贪利甚喜，遗疑乃止。凡攻之道，必先塞其明，而后攻其强，毁其大，除民之害；淫之以色，啖之以利，养之以味，娱之以乐。既离其亲，必使远民，勿使知谋，扶而纳之，莫觉其意，然后可成。惠施于民，必无爱财；民如牛马，数喂食之，从而爱之。心以启智，智以启财，财以启众，众以启贤；贤之有启，以王天下。"(《六韬·武韬·三疑》)

这段话的意思是，在还没正式交战时，就要提前设想许多方案来应对敌人，计划必须要周密，不能有疏漏。

用丰厚的礼物去诱惑敌人，让他们心动，这样，敌人就会起争夺之心。而如果想要离间敌人，破坏得力干将在纣王心里的信任度，那么，就要根据这些人的喜好，去接近纣王最为信任的大臣。投其所好，并许诺他如果帮助我们完成这件事，就会满足他的愿望，这样一来，就能让这些人帮我们在纣王面前说些对我们有利的话，加以迷惑，给我们争取最好的时机。

敌人看到有利可图，自然会喜不自胜，人都是自私的，都想让自己过得更好，而我们给他许诺的东西，便会让他丧失理性的判断，不再怀疑我们的计划。

而攻打强大的敌人，则需要先让他们打消对我们的戒心，让他们觉得我们很弱小，这样我们就能找到机会，打败他们的军队，而想要完成这件事，就要用女色来诱惑他们，用各种宝物来满足敌人的欲望，这样才能让他们沉醉于谎言之中而失去对现实事物的真实掌控。

如此一来，就能离间他的亲信大臣，还能让他远离民心，等他反应过来时，就已经来不及了，我们已经做好了万全的准备。

当然了，当这几个方法都实现以后，我们还要做什么呢？那便是以仁德厚普广施于天下百姓，不能吝啬自己的财物，因为老百姓只有得到了好处，才会追随爱戴我们。这便完成了攻强、离间、散众的三个难题。

只要仔细地去思考，去揣摩，思路必然就清楚了，智慧可以开启财源，而财源又能启发百姓，百姓当中必定会出现不论是思想还是品质都远超常人的贤人，贤人只要加以引导，就能为您所用，成为您统治天下的左膀右臂。

公元前1047年，即周武王九年，此时的周国综合国力已经达到了空前强盛的地步。为了东征商朝，并且察看到底有多少诸侯会听从自己的号令，同时，也想趁此机会试探纣王对这件事的反应，周武王便在毕地祭祀了自己的父亲周文王姬昌，随后集结大军，前往孟津（今河南孟津）举行规模宏大的阅兵仪式。结果一下子得到了天下八百多位诸侯的响应，一度让各大诸侯王觉得现在就是大军伐纣的最佳时机。

但这时，周边却有几个较大的诸侯国还是没有过来参与，周武王便同姜子牙、周公等人商议是否出兵伐纣。经过一番讨论，觉得现在还不是时候，于是班师回朝，继续积攒兵力等待时机。

周武王在位的周国，相较于周文王时期，要更加强大。

这次阅兵，让周武王心里犯嘀咕，明面上各大诸侯王听从号令，实际上表里不如一，每个诸侯王都三心二意，心里打着自己的如意小算盘，他们以为别人看不出来，实际上这些心思都被周武王和姜子牙尽收眼底。

看来，要适当选用能文能武的良将之才了，周武王将主意打到了姜子牙身上，可惜这样的太公，整个天下只有一个，这让周武王心里很是遗憾。

他落寞地问道："太公，你看每次出征，都是你我统率军队，虽然会提高士气，可我们终究只有两人，分身乏术啊，是不是应该要挑选有才能的武将来辅佐我们呢？让这些武将来增加我们的威势，你有什么好的办法和建议吗？"

姜子牙道："大军出征，统率军队的大将掌握着整个军队的命运，要把这件事情做好，最重要的便是了解和知道各个方面的情况。这种将帅作为三军统筹，能够掌握大局的人，不用他精通某种专门的技术，比如骑马射箭，也许有人骑马很厉害，可他射箭不行，所以，要根据每个将才的能力来授予他们职位，发挥对方的长处，灵活运用，并让这个挑选方法成为一种制度。

"依我看来，这种将帅需要辅佐的人数应该是七十二人，以便顺应天道。人多，才能应付各种突发情况，做到面面俱到，只要按照这个方法来，也就掌握了作为统筹一方的将帅之道，让将帅麾下的七十二人来发挥各自的特长，便能圆满完成任务。"

周武王心头一震，要知道，他现在身边最缺的可就是这些啊，文臣的确是不少，内有周公、闳夭等人，可放眼统治天下来说，人才还是太少了，特别是强军治军方面，他连忙问道："太公可有具体的详细办法？"

姜子牙耐心道："首先要有一个推心置腹的人，这便是主帅的影子，也就是心腹，他能像一面镜子一样，帮助谋划，而这种人，就必须要有应付突发事故的能力，能观测天象，能消除灾祸，能总揽军政，更要能保护民众的生命。

"所以，需要谋士五人，这五人主管安危大事，并要考虑时局发展而制定对应的策略，还必须拥有鉴别将士品德的能力，能够整顿好军纪，并从军队中挑选合适的人来授予官职，所以，这五人就要有决断问题和裁定事件可否执行的能力。"

周武王问道："太公说的是股肱羽翼应有七十二个人，心腹占了一人，谋士占了五人，那剩下的呢？"

姜子牙不紧不慢道："观天象需要三人，观察日月星辰的运转，观察时节以及气候的变化，才能对谋士提出什么时候可以出兵的建议，这三人，要有推断时日凶吉、考察吉兆和判断有无灾难发生的能力。"

周武王点点头。

此次孟津阅兵，便出现了这个问题，若不是有姜子牙在，只怕前来的诸侯王根本就达不到八百之多。

姜子牙道："观天象的人有了，接下来便是观地利之人，也需要三人，他们主要负责大军在行军当中行走路线的观测和判断驻扎之地的地形是否符合军队安营扎寨的条件，要能权衡利弊，比如地形的距离、地形的路况，是危险还是容易，有没有大江大河以及险要的山川阻碍等，确保在大军出征所走的每条路上，都有应对突发情况的能力，这才能保证我们在作战的时候，不会因为不熟悉地势的情况而落败。"

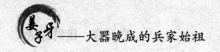

周武王闻言，大喜，心里已经有了人选，周公对于这方面便很擅长，他已经决定将统筹天时地利的人选的任务放在周公身上了，有他在，周武王相信对方能为自己挑选出合适的人选来。

姜子牙接着道："擅长兵法的要有九个人，主要负责分析战争的走向，分析敌人的内部力量与我方对比的具体情况，检查作战的兵器，检查是否有不遵守纪律的士兵存在，让他们当我们的眼睛，行使监察的权力。"

军队当中，鱼龙混杂，很难做到万众一心，而要做到这点，就必须整顿军纪，才能将军队的战斗力发挥到最强。

所以，监察之人便应运而生，他们没有指挥军队的权力，却有着建议和检举揭发的能力，有这么一双眼睛盯着，军队纪律才会严明。

周武王问道："后面的几人呢？"

姜子牙道："负责粮草的需要四人，让他们来统筹粮草的数量，保证大军的一日三餐不会缺粮断餐，确保军队的补给不会出现困难，而且还要保证粮道的畅通，并且负责去征集。"

三军未动，粮草先行，毫不夸张地说，粮草对于一支军队来说，是致命的存在。

后世的诸葛亮出祁山，只差一点就可以全歼司马懿部队，却因送粮不及时而导致不得不在即将取胜之时狼狈地撤了军。

为何？因为粮草足足迟到了十天，这也让诸葛亮的第四次北伐失败，可见粮草的重要性几乎关系到全军的底气所在。

所以姜子牙又说道："除此之外，还需要挑选四个孔武有力的勇士出来，给他们配发最精良的武器装备，让他们各自集结一支小队，他们需要担负起雷霆出击的任务，能够在交战中迅速打击敌人。"

其实姜子牙一人，便担负了上述所有职能，但正如周武王所担忧的那样，一个人的力量，终究是有限的，想要做到面面俱到，真的很难，而姜子牙也根据自己总结的经验，来拆解每项任务需要多少人来分担。

姜子牙道："传递信号需要三个人，分别负责摇旗击鼓，让他们来指定信号，制作假的符节，发布一些假的信号来迷惑敌人，分散敌人的注意力，还为我方制造战机。"

不论是执旗还是击鼓，在古代军战当中，都是一个极其重要的职位，军旗所在，才能让己方将士的士气不会磨灭，而击鼓的节奏，除却能够鼓舞士气之外，还能配合军旗执行不同的信息传递。

毕竟古代的通信不像现在这么发达，只能靠听和看。

而姜子牙提出的这三个人，便恰好解决了这个问题。

周武王默默听着姜子牙的建议，心里也快速分析着身边有哪些人适合。

见状，姜子牙便将后面几个人的职能都说了出来，他道："股肱四人，负责挖沟填坑，修筑军队的壁垒，安营扎寨需要他们来统筹，才能让我方高枕无忧。"

这，应该算是古代最早的工兵了吧。

"通才需要三个人，主要负责完善将帅的意见不足之处，帮助将帅解决过失，并且要帮助将帅负责接待、讨论问题和排忧解难，他们虽然不是谋士，却能帮助谋士让他们做到更好，这样才能及时查漏补缺。然后权士十三人，主要负责实施计谋诡计，布置各种陷阱和阴谋，不让敌人识破，做到千变万化。

"此外，查明动静的职位需要一人，主要负责和外界传达信息，听风而辨动静，查看天下之事，方能了解敌人的情况。

"爪牙需要五个，主要负责思想上的工作，用来激励军队的士气，让军队有冒险的勇气和所向披靡的战斗意志。负责羽翼的需要四人，让他们维护将帅的声誉，同时负责撰写文章进行宣传，对外能震慑远方外敌，让他们知道我方将帅的强大，以便动摇敌人的战斗意志。

"游士则需要八人，主要用于刺探敌人的情报，分辨敌人是否有奸佞之辈，然后对其操控为我所用，让这些奸佞去动乱敌人的国家，然后操控敌人的民心，履行间谍之职。"

其实牧野之战能够在数天中结束，间谍起到了很大的作用。

姜子牙也用事实论证了间谍的重要性，比如从商朝逃出来的那些人，就给周国带来了巨大的情报。

姜子牙又道："借天地鬼神之力用来迷惑士众、稳定军心的术士需要两个人，负责阴谋论，查漏补缺。方士两人，主要帮助我们治疗受伤的士兵，让他们主管药物，士兵受伤得到了及时的救治，这不仅能安抚人心，更能表彰大王的贤能。加上用于计算敌人粮草和财力的法算两人，至此，顺应天道的人数便足够了，

有他们在，大王便可安心地坐镇大后方，统率三军。"(《六韬·龙韬·王翼》)

术业有专攻，闻道有先后，人各有所长，姜子牙充分将人的特长进行划分和利用，帮助周武王强化军队，整顿战术，做到未雨绸缪，一旦有了开战的意图，便能发动雷霆一击，百战百胜。

而这七十二人，便是众志成城的具体表现，一个人的能力即便到了出神入化的地步，也无法左右大局。比如后世的项羽，武力值几乎爆表，由他统率的战争几乎战无不胜，钜鹿之战击败秦军主力他功不可没，却败给了一个武力值很低下的刘邦。

所以"王者帅师，必有股肱羽翼，以成威神"（指辅佐在帝王身边的得力大臣）。

善用人，能用人，在后世的刘邦身上可谓得到了具体体现，姜子牙以"命在通达，不守一术，因能授职，各取所长"论述了军事组织和部队的构成，在他们那个年代能拥有这样才能的，几乎绝迹，可见姜子牙前半生磕磕绊绊的七十年中，有多努力。

他不曾行走天下，却掌握天下事，他不曾阅人无数，却能明辨所长，还未展开决战，便提前整顿了军务，做到了万无一失，只欠东风。

周武王将这些建议当成至宝，虽然，他已经知道需要这么多人来帮助了，但具体怎么去挑选还有待商榷，毕竟都是需要考核的，不能盲目将职务拆解后交给不适合的人来做，这样只会适得其反，反倒拖累了军队。

这七十二人当中，将帅为重中之重，因为他们不仅掌握士兵的命运，还决定着一场战争的走向，所以，周武王趁此谈话的机会，再次问道："太公之谏对我来说犹如神助，可我对挑选将帅还有些疑惑，希望太公帮帮忙，告诉我评判一个人是否有能力担任主将的原则是什么。"

姜子牙道："统筹三军的人，是一个部队的核心所在，也是大脑，所以大脑不能有任何问题，适合作为将帅的人，应该要具备五种美德，然后还要避免十种缺陷。"

周武王问道："此话怎讲？"

姜子牙道："所谓五种美德，其实就是集所有人的优点于一身，比如，他必须勇敢，也必须聪明，对百姓要仁慈，对大王要忠贞不贰，更要有诚信，做到一诺千金，这样的人，才会让人信

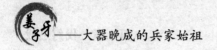
服。

"因为他勇敢，所以不会被随意挑衅；他聪明，才能不被各种复杂情况干扰；他仁慈，才会爱护手下；他诚信，才不会欺骗人；他忠贞，才能保证对大王不怀二心。"

周武王陷入沉思。

天下熙熙皆为利来，此前和姜子牙论证如何统率天下，核心是利益，但将帅的核心却以忠贞为主，那么，忠贞又是否抵得过利益呢？

他疑惑地看着姜子牙，一副欲言又止的模样。

姜子牙笑着解释道："所谓十种缺点，即虽然勇敢，可却轻于赴死，就是不动脑子；急躁又急于求成；追名逐利；好大喜功；虽然仁慈但流于姑息；虽然聪明却遇事胆小畏畏缩缩；虽然诚信却轻易相信别人；虽然廉洁但对手下刻薄；足智多谋却又优柔寡断不敢拍板做决定；懦弱依赖别人。

"像这种缺点，就能加以利用。勇敢而不怕死的，我们可以激怒他，着急想要立功的，可以用持久战去拖，贪婪的可以去贿赂，仁慈而流于姑息的可以去骚扰，聪明但很胆小的可以去胁迫他，诚信的人可以去欺骗他，廉洁又刻薄的可以去侮辱他，工于谋略的可以去突袭他，自我主义者刚愎自用，正好可以算计他，喜欢依赖别人的，可以去愚弄他。"

其实说到这，姜子牙已经把作为将帅的品质论证出来了，那便是要具备大勇敢、大智慧、仁慈而又有诚信和忠心，拥有这五种品质的人，就要避免这种品质带来的缺陷，比如轻死、急躁、贪功、不忍等。

在后世当中，抗金英雄岳飞身上便有这种良好的品质，他集合了"仁、勇、智、忠、信"五种品质，所以他成为被人歌颂的大英雄，时至今日也被人念念不忘。而岳飞带出来的军队之所以这么强悍，能打得金兵节节败退，也是因为他在拥有这五种品质的同时，克服了后面所说的十种缺陷。

"战争是国家大事，每一场战争都关乎国家的生死存亡，而国家的命运便掌握在大王的手里。一场战争，将帅却又掌握着战争的走向，所以一个优秀的将帅不得不认真去审查是否合适，是否具备这种才能。因为一旦开启了战争，结果只有两个，不是你死，便是我亡。"（《六韬·龙韬·论将》）

所谓知人知面不知心，画虎画皮难画骨，想要彻底判断一个人，仅从品质上来区分，还是不太准确，因为这个可以伪装。

周武王考虑到了这个问题，便开口问道："倘若我们选中拥有这五种品质的人，最后却表里不一，岂不误了大事？依太公之言，应该如何去判断这个人是否真正表里如一，而不是伪装起来的庸才呢？"

姜子牙道："要杜绝这种现象的出现，就要透过现象看本质，一个人的外貌和内里如果不相符，便会出现十五种具体的表现。"

周武王问道："哪十五种？"

他现在求贤若渴，因为灭商大战关乎周国的生死，也关系到周家三代人的愿望，他想在伐纣的前夕做好所有准备，确保万无一失，看似强大的周国，实则也经不起闪失和折腾。

若周国落败，首先会失去在这八百诸侯心中的威信，不用纣王出手，这八百诸侯就会乘机来偷袭他们，就更别说战败后惹来纣王的雷霆之怒，那周国将会面临灭顶之灾。

由此可见，周武王为什么要在一个问题上刨根问底，从选人到看人，再到如何辨别了，因为他知道一个将帅对国家的重要性。

姜子牙道："仪表堂堂者，其实无才无德；看似温和善良的人，也许是个盗贼；看似对别人恭恭敬敬的，也许内心里根本就瞧不起别人；看似廉洁谨慎的，也许内心并不是以真诚待人。有看起来精明能干但实际上没有才学的，有憨厚老实却毫无诚信可言的，也有好大喜功但无法做决断的，也有看似果断却没什么作为的。"

姜子牙将一个人的品质和品性完全分析了出来，而这，便是他论证的表里不一。

于是，姜子牙接着道："有些人看起来诚恳但实际上不守信用，有些人看起来不可捉摸，却非常靠得住，有些人看似语气不饶人却能在实际中收到奇效，也有些人看起来很勇敢，却非常懦弱，还有些人看起来严肃，却平易近人，有些人看起来严厉但办事沉着冷静，有些人看起来丑陋懦弱，但游走四方无所不能。

"天下人看不起，但大王能重用就好，因为拥有真本事的人，普通人是发现不了的，他们就像是一块璞玉还没雕琢，又像是金子埋在土里，所以要根据实际情况来看待。"

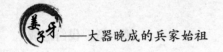

周武王问道："那要怎样才能了解这些人的真实情况？"

姜子牙道："验证一个人是否空有其表而无其里，有八种办法去考验。一是可以试探，来看对方的言辞；二是用言辞和对方辩论对一件事物的看法，考验对方的随机应变能力；三是可以在那个人身边安插间谍，监视对方是不是真的像其说的那么诚实；四是明知故问，让对方故意知道我们的用意，以此考验对方是否有所隐瞒，这便能看出这个人的德行怎么样；五是用利益去诱惑，看他是不是真的那么廉洁，如果在金钱的诱惑下还能保持初心，那便是真正的廉洁；六是用美色去勾引，去挑逗，去放大对方的欲望，看他是否能够保持本心；七是设计让对方陷入危难当中，考验对方是不是真正的勇敢；八是用酒，酒后吐真言，只有醉酒了才能看出一个人的品性，因为这时候的对方，才会卸下伪装和防备，肆无忌惮地说出心里话。"

周武王牢牢记住了这几个办法，并对姜子牙深深一拜，道："姬发谨听太公教诲，一定慧眼识人。"（《六韬·龙韬·选将》）

姜子牙深知不能以貌取人，更不能随意听信他人，否则璞玉就会蒙尘，金子也无法发光，只有通过对方的言谈举止和对事物的看法与判断，才能进行综合的识别，才能看出被选中的人能否委以重任。

姜子牙说这句话，并不是无的放矢，他能有今天，与他本身所学有着极大的关系。

当年在渭水和周文王初次相遇，周文王便用天下的许多问题来考验过他，其中便包含对天下、对人对事的看法，以及如何治国强军，倘若姜子牙自身没有足够的才能支撑，那他也做不到在周文王面前侃侃而谈，那就更别说周文王会如此看重他，在他古稀之龄还对其封侯拜相称之为太公了。

所以，姜子牙是以自身为准则来扩展，嘱咐周武王在挑选人才时，不要以貌取人，同时还要把控其中的各种小细节。

现在，选人的方法终于解决了，周武王也长舒了一口气，他紧跟着问道："将帅选好了，应该用什么办法来树立威信呢？若是有人不服怎么办？有什么好办法能做到有禁必止，有令必行呢？"

周武王之所以要问这个问题，是因为他知道将帅统率三军，要做到万众一心，而不是心思各异，军队更要步调一致，言出必践，只有令行禁止，才能打造铁桶一样的军队。他担心的是命令下达了，要怎么做，才能让人心服口服而不是两面三刀，毕竟，这些都事关伐纣大计，由不得他不重视。

姜子牙道："若要树立威信，只能踩在别人的肩膀上，以弱胜强是威信，打败灭杀比自己地位高的人，也是树立威信，然后通过战功来赏赐地位低下的人，以此体现将帅的开明，通过严明的赏罚制度，做到有禁必止。

"所以在我看来，如果有人不服将帅的命令，或是聚众闹事煽动人心，那么就杀了他，这样便能以儆效尤，震慑三军。如果赏赐一个人而能让全军都感到高兴，那便赏赐他。诛杀达官显贵或是身居要职的人，便能将军法触及最上层，而奖赏马夫仆从等人，则会触及最下层的人。赏于下，罚于上，这便能确立将帅的威信，杀伐果断，奖赏分明，便能让命令执行。"（《六韬·龙韬·将威》）

军人打仗为了什么？虽说也有建功立业保家卫国的，但放在古代，那可都是吃不起饭的人才去参军打仗，毕竟打仗要死人，稍有不慎便死在沙场上，连个全尸都留不下。

这些在刀口上舔血谋生的人，都有自己特殊的性格，要震慑这些人，作为将帅，便要做到恩威并施，才好控制，一手大棒一手枣，才是将帅驭人之道。

有了奖赏，小兵才能冲锋陷阵。

后来的牧野之战，周国的军队为什么能群情激昂往前冲？哪怕明知敌人几倍于自己的数量，仍然悍不畏死，是当真不怕死吗？那是因为姜子牙强化了军队的纪律，做到了赏罚分明，并在开战前许诺了种种好处，正是在这些因素之下，周国士兵才会变成虎狼之师，不断冲锋。

作为主帅的姜子牙，身体力行，一马当先，身后的儿郎自是不愿觉得自己会比一个老头子还弱小，加上还有丰厚的奖励，故而不惧生死。

在《六韬·龙韬·励军》当中，周武王便和姜子牙论证过关于士气这件事。

巧妇难为无米之炊，优秀的君王和将帅，若麾下的小兵是一盘散沙，那即便将帅有着鬼神莫测之力，也无法凭一己之力扭转乾坤，毕竟双拳难敌四手啊，总不能就用一个姜子牙去打败纣王

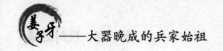

的七十万军队吧？

故此，周武王问道："现在将帅方面我知道具体怎么去选了，但是军队方面呢？应该怎么做，才能让全军将士在攻城的时候争先恐后地上，而不是畏畏缩缩害怕得不敢向前移动？又应该怎么做才能让他们在野战的时候敢于率先冲击，或者听到要停止了就愤怒，听到前进就欣喜，太公可有良策？"

姜子牙笑了笑，道："作为将帅，有三个制敌获胜的方法。"

周武王心头一动，原来姜子牙早就把一切都想好了，便问道："恳请太公细说。"

姜子牙道："以身作则，且能力超出常人，比如，作为主将的他，可以在冬天不穿皮大衣，夏天不用扇子，下雨天不撑伞，这样的将帅就叫作礼将。什么意思呢？就是以身作则。如果将帅不能以身作则，便无法体会到底层士兵的冷暖，并不是每一个人都能穿皮大衣、用扇子或撑伞的。

"大军出征，主帅就要和最底层的士兵一样，同吃同住同睡，不能有例外，遇见山岳阻挡，遇见坎坷拦路，主帅就要走下马车走过去，以身作则，这样的将帅，就叫力帅。

"大军驻扎之时，全军集体开始休息后，将帅才能休息；全军的饭菜做好，将帅才能开始吃饭；若军队里没有火焰照明，那么将帅也不能优先使用火焰。

"毕竟，将帅不能克制自己，便无法体会士卒的冷暖和饥饿，要同甘共苦，才能让士兵信服，将帅做到这一点了，攻城拔寨之下，士兵才会一往无前，前赴后继。不是每一个人都不怕死，而是他们知道自己的将帅也在前方一起作战，故此才能变得无畏。"

周武王多聪明，一点就透，这也是为何每次出征他都要跟随的原因，他的以身作则，才能让三军将士信服。

而周文王的仁德也是以身作则，所以百姓才会爱戴，诸侯才会拥护。

为了全面应对即将到来的伐纣之战，姜子牙可谓殚精竭虑，除却帮助周武王打理朝政之外，还无时无刻不在推想假设一些可能出现的问题。

这天，周武王在完成选将以及操练等事宜后，找到姜子牙，询问了有关于战斗之时我方军队深入的问题，他道："如果我们率领军队作战的时候，深入敌方阵营内，而这时候我们忽然遇到紧急情况怎么办？也许发生的事情对我有利，也许有害，我的办法便是由近到远，以内策外，如此来适应大军的需求，你觉得该如何？"

姜子牙知道，这是周武王担心伐纣之战一旦开启，周国的军队就会远离镐京奔赴异地作战，万一遇到被人偷袭，或是被人包抄等不利情况该怎么办。他深思片刻道："那么大王应该准备兵符，要秘密授予主将，由主将手持不同的兵符来表达不同的情况，大致可以分为八种。"

"兵符？"周武王一时间没理解到这个词的意思。

姜子牙道："第一种，乃是我方大获全胜，用于捷报的阴符，长度在一尺左右即可，只要拿到这个阴符，就知道是什么意思了，以此类推，做不同尺寸的阴符用来表达不同的意思。击垮敌人并且抓获敌人主将的阴符，长度在九寸便可；若是迫使敌人投降或是占领了敌人城池的阴符，则长度为八寸；击退敌人用以传达信息的阴符，七寸；用以鼓舞士气让他们坚守阵地防御的阴符，六寸；若是大军请求后方补给粮草或是兵力不足需要后方补充的阴符，五寸；我方将士阵亡且在战场上失败的阴符，四寸；若是我方战斗失败，而且部队伤亡很大的阴符，则三寸。"

这里的阴符，其实就是一种调动军队和秘密授信的凭证，古代行军打仗，君主都会赐予主帅一枚兵符，用于调兵遣将或是证明身份。姜子牙将兵符详细拆分，分成八种不同形状的阴符，用来表达不同的意思，到时候看兵符，即可明其意。

姜子牙又道："如果阴符在传递的过程中被泄露出去了，那么，就要将传递阴符的人一并杀掉，这样才能让阴符所携带的秘密不被透露，这几种阴符，都需要大王和将帅秘密掌握，平时要严格保密，因为在战场上，只有我们提前设置好了这些，才会临危不乱，可以稳妥地应对各种突发情况。

"如此一来，敌人即使侥幸获得了阴符，也不知道这阴符代表什么。"

周武王兴高采烈道："太公这办法简直是太好了，解我燃眉之急。"

事实上，古代调兵遣将时的兵符，都不是完整的，都是将一块完整的兵符从中间破开，双方各执一半，到调兵时取出兵符进

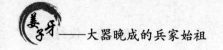

行左右验证，便可明辨真假。

姜子牙这里说的阴符，便是兵符的前身，也算是最早出现且用于各大主帅和君王之间的一种信物。兵符盛行于战国时代和秦汉时期，通常是用青铜锻造，将其锻造成老虎的形状，故而我们经常在电视中听到这个东西又被称为"虎符"。

但凡是领命出征的将军，或是驻守或屯守某个地方的将领，都会把虎符的一半交给君王，自己则留下另一半。没有战争时，将领的职责主要是负责操练，一旦开战涉及调兵遣将，这时候就需要两块虎符合二为一才行，否则任谁也不能擅自调动军队。

我国古代历史中，曾发生过一起窃取兵符的事件，即广为流传的信陵君"窃符救赵"。

在长平之战中，赵国主力被白起一举歼灭，当时，白起并不打算就此放过他们，而是决定乘胜追击，一鼓作气拿下赵国的行政中心邯郸。

当这个信息传到赵国首都时，都城内可谓鸡犬不宁，人们都惧怕于白起的杀神之名，一旦对方打到了邯郸，那邯郸城内所有百姓都将被屠杀。于是，赵国的君王孝成王本打算割让六座城池和秦国议和，但在虞卿的建议下，又决定违约，于是拉拢齐国、楚国、魏国、燕国、韩国等国进行合纵，希望以六国之力，阻断秦国一统天下的野心。

赵国违约后，秦昭王气得暴跳如雷，完全不顾白起不出兵的意见，于周赧王五十六年（前259年）九月，出兵入赵。

秦军来势汹汹，但赵国上下一心，同仇敌忾，血战之下愣是没让秦军占到一点便宜，于是秦国改换主帅，继续攻打赵国首都邯郸。

赵国仍旧誓死抵抗，但秦军实在太强大了，以一国之力根本就应付不过来，为此，结成合纵的楚国、魏国相继发兵支援赵国。

秦王得到这个消息后，震怒之下，直接叫人带信给魏国，如果敢出兵相助，那赵国之后，魏国将会成为他们下一个攻击的目标。魏国害怕秦军，便下令出发的军队不要继续向前，保持观望即可。

而此时赵国已经处于水深火热当中，急需魏国的兵源进行补充，眼见关键时刻魏国却掉了链子，魏公子信陵君只能自己想办法去救赵国。信陵君和手下设计从魏王的寝宫内偷取到了虎符，并以此符夺取兵权，直接挑选八万精兵赶赴邯郸。与此同时，已经围攻邯郸一年之久的秦军在楚国和魏国的援军到来以后，疲于应战，结果大败，于是这场歼赵之战以失败告终。

此典故便恰好印证了兵符的重要性，姜子牙开创的兵符，划分为八种，几乎囊括了所有可能出现的情况，即便是到了春秋战国时期，以及后世几千年的封建王朝改朝换代，兵符都是君王和各大将领之间紧密联系的信物。

借此机会，周武王便再次问道："那我们的军队已经在他国腹地深处，需要处理各种事情，而这些事情太过繁杂，仅仅用阴符不方便表达问题，加上想要和国内进行沟通，该怎么办？一旦大军进入敌国，两方相隔甚远之下，言语又无法将事情的核心表达出来，这又该如何是好呢？"

姜子牙道："有了阴符，自然也需要阴书。"

周武王一听，有戏，没想到姜子牙连这些都想好了。

姜子牙道："国战牵涉甚多，不仅仅是打仗那么简单，中间需要规划的事宜需要周密而且严谨，像这种情况，就不能使用阴符，因为阴符只能用在作战的各方面情况上，所以必须使用阴书。阴书是什么呢？就是大王向各大主将传达信息的东西，而主将也可以用阴书反馈大王的各种问题。阴书一般都是一合而再离、三发而一知，什么意思呢？一合而再离就是把传达的书信分成三个部分，所谓的三发而一知，就是分别让三个人去送信，每个人只带其中的一部分，而且内容是交错的，不论是谁截取到其中的一部分，都无法理解里面的内容，这便能保证军情的隐秘，假使有送信的人背叛，他也看不透里面的内容表达的含义，这便是阴书。"

周武王再次感叹姜子牙的才能，阴符、阴书环环相扣，一个用于军队，一个用于大局，他深深吸了口气，朝着姜子牙拜了拜："太公高明。"

姜子牙抚须而笑。

在不发达的古代，阴符和阴书作为传达信息的承载工具，无疑是非常先进的，也由此看出姜子牙在兵法造诣上底蕴的深厚。在他平庸的前半生，之所以过得落魄狼狈不堪，只怕是脑海中日日夜夜都在想这些东西，所以才能厚积薄发，而不是临时抱佛

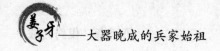

脚。(《六韬·龙韬·阴书》)

周武王在姜子牙的辅佐下，如虎添翼，姬发本身便是个雄图霸业之人，在继位之前便为周国立下汗马功劳，上台之后，他重用各个有才能之士，在沿袭周文王的仁德之外，还在武功上拥有大量的建树。

如今，周国早已步入正轨，而这些年的发展，也让周武王开始摩拳擦掌起来，他现在想的便是如何攻打纣王了。

在对外用兵方面，他还有所欠缺，为了补足自己的缺陷，便找到姜子牙谈话，询问有关于用兵作战的最关键核心是什么，这一切，都在《六韬·龙韬·奇兵》中得到了解答。

姜子牙说："古代善于作战的人，并非能够上天入地无所不能，人也不能飞起来，更不能深入地下穿行，所以不论是打了胜仗还是败仗，都与用兵的计谋能不能达到神鬼莫测的地步有关。

"一个能将用兵用到神鬼莫测的国家便可繁荣强大，而用兵碌碌无为的国家就会灭亡，敌我双方排兵列阵，双方兵对兵将对将，如何能取胜？归根结底还是要看怎么用兵。纵容士卒不守规矩喧哗，或是在布阵的时候混乱，都是为了迷惑敌人的欺骗手段。选择在枝繁叶茂的复杂地形里作战，是为了给自己留一条退路，因为在这样的地形中敌人也不适合追击。如果有占领险要关口的，也是为了阻挡敌人的战车和骑兵，减缓他们的追击速度，好让我方军队能有惊无险地离开。

"有些用兵的人，会把队伍派往有险要关口的丛林当中，这是为了伏击敌人的大部队，还可以派出小队埋伏在地势低洼的幽暗环境内，用来隐匿自己的行动，迷惑敌人。如果大部队是在平坦开阔的地方，便是为了直接和敌人在正面战场上比拼军事力量，军令一旦下达，就要迅猛快捷地运用起来，这样部队才会爆发出最大的力量。用各种阴谋诡计虚张声势设下伏兵，是为了击败敌人，然后抓住敌人的主将。也可以把军队分为各种小队，以小队的力量从外界蚕食敌人的阵法。"

周武王只是一个用兵的询问，姜子牙便侃侃而谈，从古人用兵的胜败当中，分析出了各种情况，比如以小队在地势复杂的地方伏击敌人，恰好便是游击战的最早雏形，利用地利上的条件，将其转化为对己方最有利的选择。

对此，姜子牙便又继续分析道："用兵能否神鬼莫测，还有以下可能：在敌人惊骇的时候，能以一敌十，在敌人疲倦的时候，能以十敌百，用各种奇妙的本领翻山越岭。用强大的弓弩和尺寸很长的兵器，是为了隔水和敌人交战，这样便对我们非常有利。可以在离阵营很远的地方便设置哨兵进行侦察，这些哨兵往往速度快，而且行事小心周密严谨，为的便是伏击敌人。

"在两军对垒中，击鼓传达信息让部队大声喧哗，是为了迷惑敌人，让他们心里猜忌，然后我方好以提前设置好的策略来打击他们。当然，也有在各种复杂天气的情况下搞突袭的，为的就是出其不意。也可以派人假冒敌人的官员，然后给敌人制造混乱，比如抢走他们的粮草，或是切断他们的行军路线，再假传敌人的号令。

"在一场战争中，要以利益鼓励士兵，这样才能让他们奋勇杀敌，重赏之下必有勇夫，他们会为了爵位而不怕牺牲。但同样的，也要以严厉的军法来管控军人，该奖则奖，不能吝啬，该罚则罚，不能心软。

"立下大功劳的便赐予爵位，犯了罪的便剥夺爵位。在政治上，要刚柔并济，要文武同时重用，不能偏袒一方，造成文武势

力上的不平衡。君王下达命令要快，不能拖拖拉拉，调和三军最
重要的便是同心协力、万众一心。"

周武王听得如痴如醉。

姜子牙在如何用兵以及用人上的分析并未结束，他继续道：
"让军队驻扎在视野开阔的地方，是为了警戒和防守，占据高地
便拥有了位置上的优势；让军队驻扎在险要之地，是为了利用地
利扼守阵营，使敌人难以攻破；让部队驻扎在地形复杂的山林当
中，是为了隐蔽大军的动作；让大军修筑战壕、提前准备好更多
的粮草，则是为了在持久战下能够更好地生存。"

见周武王听得出神，姜子牙便将上面列举的各种情况进行总
结，他道："所以用兵的策略，在于用人，若主将不清楚战争中
的攻防策略，便不用和他谈对付敌人的事了，因为他根本听不进
去；如果不会灵活地用兵，就不要对他说那些奇谋诡计，因为他
不了解，所以谋略中的万般变化也不用谈了。

"说起来，主将对手下没有仁慈之心，将士们便会生活在高
压下，看似整齐又听话，实则并未同心相连；如果主将自身没有
孔武之力，那麾下军队也爆发不出什么战斗力；如果主将没有高

超的智慧，那么军队也会在各种战斗的情况下不明白为什么而战，或是畏惧敌人，或是贪生怕死，导致战争失败；如果主将不能高瞻远瞩，那么军队就会混乱而没有阵型；如果主将不在战前进行精妙的计划，那么军队获胜的机会就会渺茫；如果主将不时时刻刻拥有警惕之心，那么部队就会跟着变得慵懒戒备；主将失职，部队自当如同一盘散沙。"

姜子牙面色肃然道："总结便是，用兵的关键还是在于主将身上，因为主将掌握着大军的命运。同时，大王的重中之重便是要慧眼识人，挑选一个有能力的主将，这样，大军在主将的治理下，才会发挥出最强的力量。国家能够得到有才能的主将，军队自然强大，若是在庸才的带领下，大军肯定是弱小的，军队没有力量，国家便危险了。"

周武王再次对姜子牙的说法报以肯定和认同，在他眼里，姜子牙便是这种人的集大成，可惜整个周国也只有一个姜子牙，若是能多几个，那周国又该是多强大呢！

姜子牙以用兵之道，上升到了用人，因为姜子牙深知兵弱国亡的道理，所以指挥大军的主将，一定要有勇有谋，要有大智慧、大毅力、大勇气等素质。

姜子牙撰写兵书《六韬》，以《龙韬》篇对这些进行了总结，他论证了在行军打仗上的指挥和部署的智慧力量，并指出要严明军纪，要挑选良将，而且还制定了怎么发号施令、怎么进行通信、怎么保密等，同时也强调要注重天时地利以及装备和物资的补给。

其实，在《龙韬》当中，周武王在音律上，也曾对姜子牙提出过问题，这便是《六韬·龙韬·五音》。

音为声之形，看不见摸不着，却能传达不同的意思，借此，音律也能被运用到军队当中。

周武王问道："太公，从律管发出的音乐中，我们可以用来判断军队的力量和战争是否胜利了吗？"

姜子牙很欣慰周武王能够提出这个问题，抛砖引玉的脑洞大爆炸，往往会因为一个点，而引发出各种情况，对此，姜子牙对周武王大加赞赏道："大王问的这个问题很深奥啊，律管一共有十二个音阶，但最重要的要数宫商角徵羽这五个，因为它们是最基本的，也是构成十二音阶的核心所在，万般变化，都以这五个音为基础，相克相生，神妙无比，也符合天地运转的规律，因此，五律音阶也能转换成金木水火土五行，取相生相克之道，便可预判敌人的变化以及我方军队是否获胜，也可用于用兵之道。"

音律在我国历史上由来已久，音乐作为一种听觉上的产物，能沟通人与人的感情，也能传达不同的信息。

史料记载，在夏朝的时候，就已经有了音律和乐器，当时的人们主要用鳄鱼皮来制作鼍鼓。而到了商朝，乐器进一步升级，已经有了木腔蟒皮鼓了，制作精良，加上青铜器的空前发达，进而诞生了编钟等乐器。西周时期，已经有了完整的礼乐制度，这也是为何周武王会忽然问这个问题的原因。

姜子牙答道："三皇所在之时，崇尚虚无无为，用来克制刚强暴掠，而那时候还没有文字来记载和传达信息，一切都只能按照阴阳五行相生相克的道理来进行传达。五行是天地之间的自然规律，十分微妙，以五行中的五音可以预测天气状况，可以传达是否半夜行军，在距离敌人不远处用手拿着乐器对敌人的耳朵进行大声呼喊，以此吓唬他们，而敌人也会回应，这种声音就非常微弱了。如果是用角声来反应，那么，就应当根据白虎所在的西方位攻打敌人；如果是用徵声来反应，就应当从北边攻打敌人；如果是用商声来反应，那就要从南边着手；如果是用羽声来反应，就要从中央攻打敌人；如果所有的律管都没有发出宫声的回应，那么，就要从东边攻打敌人，每一个音阶所代表的音律都与五行互相关联。

"西方白虎，北方玄武，南方朱雀，东方青龙，中央勾陈，大王您看，这些，不仅能用来用兵制胜，也能判断胜败。"

周武王惊喜道："太公睿智。"

姜子牙笑着道："音律都有外在的征候。"

周武王好奇地问道："那要怎么才能知道这些呢？"

姜子牙道："敌人被惊动的时候就仔细听，听鼓声是不是角声的反应；如果见到了火光，就是徵声的反应；听到兵器的声音就是商声的反应；听到敌人的呼喊声就是羽声的反应；而如果万籁无声，则是宫声的反应，这五大音律与外界动静互相结合。"

根据音律和五行来判断敌人的用兵情况，看起来似乎有点荒诞，然而，这种方法用来侦察敌情，根据细微的蛛丝马迹来推测敌人的决策并不是没有可取之处。

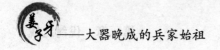
清朝时期的年羹尧，便曾通过大雁的叫声来预警。

雍正元年秋，年羹尧率军前往青海平叛。入夜三更时，一群大雁猛地从营地上空飞过，而且发出哀鸣。年羹尧当即便从帐篷内走了出来，他夜观天象，反复思考，大雁一般群居在水边，如果没有人惊动它们的话，不可能在这个时候忽然飞上天空。

年羹尧当即判断有敌人要来偷袭，然后设下埋伏，严阵以待，果不其然，没过多久便有敌军的身影出现。他们本来想趁机攻打还没有做好准备的年羹尧军队，却不承想被年羹尧通过大雁的叫声提前察觉，以其人之道反制其人之身，让敌人进入了他们的埋伏圈。一番作战后，年羹尧大胜，天刚破晓，便已然凯旋。

由此可见音律的作用，毕竟声音本身便是信号的一种传递，只要读懂了声音的节奏，便可理解其中的含义，而在用兵之上，以音阶的各种频率来进行验证和传达信息，虽无大用，却不可不用。

姜子牙把一切可看、可听、可闻、可观的事物统统运用到了实际中，并且还加以论证，让其得到发展，真可谓大才。

为了赶赴孟津阅兵，周武王姬发对姜子牙委以重任，而深知此次阅兵重要性的姜子牙，也不负厚望，他左手拿着赫赫有名的黄钺，右手拿着白旄对着一众士兵誓师，与周武王姬发共同书写了《太誓》：

"苍兕苍兕，统领众兵，集结船只，迟者斩首。"

这便是历史上有名的"孟津之誓"，这代表了天下绝大部分诸侯都开始听从周国的指挥和调动，虽然没有成功开启伐纣大战，却也为周国攻打商朝打下了良好的基础。

伐纣大战讲究天时地利人和，此时的商纣王气数未尽，身边仍旧有着得力干将把持朝政打理内外，故此大动干戈贸然进军，结果只能是以失败告终，而最终让周武王下定决心回朝的还有一件事，那便是在途中遇到的伯夷和叔齐二人。

伯夷与叔齐是两兄弟，本是孤竹国的公子，也是富贵无忧。为什么会在孟津碰上周武王呢？这里边却还有一段渊源，二人之所以在这里来投靠周武王，是因为周文王在世时，他的仁义满天下，广纳贤才，在所有人的眼中，是个英明神武的领袖。

所以他们才会不惜千里迢迢从孤竹国来到岐山，但赶到这里时，才得知周文王已经逝世，如今掌权的是他第二子姬发，即现

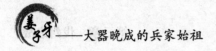

在的周武王，让他们感到失望的是，姬发还没给他爹下葬，却集结各地诸侯想要进攻朝歌。

这一来一往，便让兄弟二人大失所望。当时，伯夷和叔齐站在周武王姬发跟前，问道："其一，你爹还没下葬，你就要发动战争，不惜大动干戈，这是不孝的行为；其二，你身为商朝的臣子，又继承了西伯侯的爵位，却想要讨伐君主，这是不仁，我们实在想不到你会是一个不仁不孝之人。"

言外之意，这是在骂周武王姬发的做法会失去民心，也间接暗示他现在进攻商朝并不是个好时候。

姬发听后暴跳如雷，当即就要下令将这两个口无遮拦的家伙拉出去斩了，两兄弟也浑然无惧，大义凛然地看着周武王，这番对比下来，反倒是姬发落了下乘，就在这关键时刻，姜子牙及时站了出来处理这件事。

他不仅阻拦姬发想要杀掉二人的决心，还当着所有人的面夸赞这两兄弟是义士。

为什么呢？因为他了解过伯夷和叔齐投奔周国的原因，才明白了这兄弟二人的深明大义和用心良苦，自然是不会让姬发将他们杀了的，杀两个人无关要紧，但杀两个义士，却会让天下人对周武王产生非议，加上现在又是文王新丧的敏感时期，无法站在道德制高点，便不能说是替天行道，所以这场军事行动是不成熟的。

姜子牙早就知道叔齐本该继承孤竹国的王位，他很贤能，是孤竹国国君子朝的第三子，但叔齐觉得这个安排不合理，认为王位应该由长子继承，即伯夷。

结果呢，伯夷却觉得作为儿子又是臣子的他们，应该听从父亲的命令，所以国君的位置还是得叔齐来坐，兄弟二人这么你来我往，你推我让，谁都不愿意当这个君主。为了让弟弟安心地继承孤竹国的王位，他便学着周文王姬昌的大伯和二伯离家出走。

我要是走了，那王位就该你继承了吧。

伯夷打了个好主意，却未曾料到弟弟叔齐也跟他一样想到了这个方法，哥哥前脚刚走，消息还没传回来时，弟弟就跟着开溜，所以两人走后，孤竹国国君的位置便落到老二身上。

眼看这事已成定局，兄弟二人也不能回去了，不然老二怎么办，总不能又把他拉下来吧，两人都是心地善良之辈，自然做不

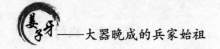

得这种让兄弟难堪之事。

既然有家不能回，那这一身本领又该到哪里去施展呢？此时商纣王的暴政让人失望，朝歌大臣更是人心惶惶，打听到消息的二人不敢前往朝歌，只能投奔口碑好的周文王，这才有了他二人在孟津与周武王姬发相遇的故事。

姜子牙将兄弟俩的用意详细解释给姬发后，他也觉得自己刚才的决定太过于武断，便向兄弟二人道歉，希望他们能留在身边辅佐自己成就霸业。

但此时的伯夷和叔齐已经对周武王失望透顶，便拒绝了他的邀请，默默离开了孟津，后前往周朝定居，但他们因对周武王姬发的芥蒂，故而不吃周粟，最后饿死在首阳山。

经过这几件事的发生，让周武王和姜子牙都意识到了时机不对，故而撤兵再做打算。

当周国这边在积极备战不断试探时，纣王在做什么呢？这位英勇好战的商朝人皇，虽然依旧沉迷于酒池肉林和妲己的美色无法自拔，但他也没停止向东南出兵。

其实，当时的商朝政治已经很腐败了，但毕竟这么多年的积累，还是有不错的底蕴的，在军事实力上，仍然有着极其强大的力量，如果和周国硬碰硬的话，最后鹿死谁手还真不一定。

政治上，还有良相比干、忠臣箕子帮其治理朝政，哪怕纣王荒淫无道不理朝政，有这些人在，商朝的政治体系还能进行最后的挣扎，不至于顷刻间坍塌。

过了两年后，纣王的荒淫无道到了顶点，不仅杀死了自己的叔父比干，还囚禁了箕子，比干的死，让商纣王的朝廷产生了不可逆的内乱，许多臣子审时度势，觉得现在还在服侍商纣王，那么下一个死的可能便是自己，不由得生出投靠周国的心思。

于是，在微子的带领下，一部分贵族携带家产和自己的兵马，悄悄逃出了朝歌，投奔周国。他们的到来，对周国的作用是很大的，第一是人心所向，不仅将纣王的残暴传达给了周国的人，同时还携带着大量的军事机密情报，而这一点，正是周国急需的。

知己知彼，百战百胜。

姜子牙分析过后，觉得现在就是攻打商朝的最佳时机，便给周武王提出攻打商朝的建议。周武王也觉得时候到了，便下令说

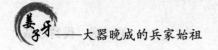

道："纣王犯下的罪恶无法饶恕，我们必须合力讨伐他。"

周武王把这个消息通知了孟津会盟时的所有诸侯国，当时没有来的诸侯王现在也来了，在纣王的统治下，他们终于知道这样的日子不是人过的，必须要改变了。

周武王遵从其父周文王"时至而勿疑"的遗嘱，举兵伐纣，姜子牙挑选精良的兵车 300 辆，本部兵马勇士 3000 人、甲士 45000 人，联合诸侯王的兵马，组成了一支特别强大的伐纣大军。

公元前 1046 年甲子日，姜子牙随同周武王姬发正式发兵，开启了伐纣之路。

为了确保这场战斗的万无一失，周武王在行军之前，日夜和姜子牙讨论行军当中可能遇到的问题，或是攻城时可能遇到的情况。

在《六韬·虎韬·军用》中记载，周武王向姜子牙问道："太公，这次伐纣之战至关重要，我们军队的军用物品和攻城的器械，已经开始打造了，但这里面还有些我不太懂的东西，比如怎么去区分种类，还有决断数量，有什么标准吗？"

　　姜子牙道："大王问的问题的确很关键，行军打仗，装备和器械同粮草一样重要，特别是装备，关乎士卒的战斗力，正面战场上短刀打不过长枪，长枪打不过长戈，所以不论是装备还是器械的种类数量，都非常重要，这关乎一支军队的战斗力强弱，而战斗力的强弱，又关乎一场战争的胜负。"

　　周武王道："请太公详解。"

　　姜子牙道："但凡是用兵作战，都必须有一个准则，多少人为一队，多少人为一阵，比如，统率一个万人部队，那么他的武器装备标准便是叫作武冲大扶胥的战车就需要三十六辆（武冲大扶胥：设有大盾的大型战车。扶胥是战车的别名），战车旁边，要有强大的战士用强弩、长矛、战戟守护在两侧，每辆战车需要用到二十四个人来推动，战车的车轮高度应该为八尺，然后要在车上设置我方的战旗以及立鼓，在兵法上来说，这种战车便是我们的中枢，不仅能传达信息，也能击鼓明军震慑强敌，冲锋陷阵无所不能。

　　"武翼大橹矛戟扶胥的战车需要七十二辆（武翼大橹矛戟扶胥：一种装备有大盾牌和矛戟的战车），让手持强弩或是长矛的强大战士在旁边守护，这种战车的车轮应该高五尺，并且要在上边连带设置用于发射连弩的绞车，可以用这种战车来进行破阵。

"提翼小橹扶胥的战车需要一百四十辆（提翼小橹扶胥：装备有小盾牌的小型战车），也要设置发射连弩的绞车装置，这种战车使用渡轮，可以快速破阵。

"大黄参连弩大扶胥的战车需要三十六辆（大黄参连弩大扶胥：装备有大黄连弩的大型战车。大黄，一种强弩的名称。参连弩，能连续击发的强弩），也要配备强大的战士，手持连弩或者长矛等在两边严密护卫，防止敌人过来毁坏战车。这种战车上要加上飞凫和电影这两种旗帜，飞凫用红色的旗杆和白色的羽毛，用青铜来当旗杆的杆头；电影用青色的旗杆和红色的羽毛，用铁来做旗杆的杆头。白天用大红色的绢做旗面，旗面要长六尺，宽六尺，叫作光耀；晚上就用白色的绢当旗面，长宽和白天所用的规格同等，叫作流星。这种战车也能用来进行攻坚破阵，让敌人闻之胆寒。

"大扶胥冲车的战车也需要三十六辆，车上要配备骁勇善战的战士，主要作用便是配合此战车在正面战场上进行冲击杀敌。

"淄车寇骑的战车可以叫作电车，在兵法上可以称呼它为电击（一种轻型战车），作用也是用来配合巨型战车进行破阵攻敌。

"假如敌人是在晚上突然来偷袭我们，那么，这时候就要用到矛戟扶胥轻车（配备有矛戟的轻型战车），需要一百六十辆，每一辆都要搭载三个骁勇善战的战士来守护，主要用来破阵和击败敌人的步兵和骑兵。

"首铁棓维朌的铁棒（大方头的铁棒），重量需要达到十二斤，长度维持在五尺，需要一千二百把，这种武器也可以叫作天棓。大柯斧的刀刃长八寸，重八斤，长度也要在五尺以上，配备一千二百把，也可以叫作天钺。铁锤需要一千二百把，每把重八斤，长五尺，可叫作天槌。这几种武器主要用来击败敌人的步兵。

"飞钩需要一千二百枚，长八寸，钩长四寸，柄长六尺，用来投掷伤害敌人。若敌人是以防守的阵型排列，那么，就要用到木螳螂剑刃扶胥的战具（一种用以拒守的木制战车，形似螳螂，有尖刃向外），每一辆宽两丈，需要一百二十辆，可以叫作行马，在地势平坦且宽阔的地方，我们的步兵，就可以用它来阻碍敌人

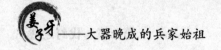

的车骑行动。

"用木料制成的带刺障碍物木蒺藜，要设置在高于地面两尺五寸的地方，需要一百二十具，一旦敌人的步骑开始行动，便可用来阻碍他们，不论是用来阻碍还是拦截，或是堵截，都有着奇效。

"轴旋短冲矛戟扶胥的战车（一种配备有冲角矛戟可以旋转的战车）需要一百二十辆，黄帝用这种战车打败过蚩尤的军队，我们可以用它来击败敌人的步兵，拦截敌人的追击和截击溃败的敌军。

"在道路狭窄的地方，布下铁蒺藜，这种障碍物带刺的长度要在四寸，宽八寸左右，每一具需要六尺以上，一共需要一千二百具，可起到阻碍敌人的作用。

"如果晚上突然叫阵逼迫我方进行战斗，短兵交接，这时候就要设下天罗地网，连带着两簇铁蒺藜障碍物一起，每一具的尖刺相隔两寸，需要一万两千具。在平原或者长满杂草的地方作战，应该配备方胸铤矛（齐胸的小长矛）的障碍物共一千二百具，设置铤矛要高出地面一尺五，以上这些所有的器械，都可以用来攻打敌人的步兵。

"在道路狭窄或是低洼的地方，可以设置铁械锁参连的障碍物，这种用来阻碍敌人速度的器械需要一百二十具，不论是阻碍敌人前进还是敌人逃跑都可以用得上。

"扎营的时候，可以配备长矛，或者小橹等器械，每一种十二具便可，但要在门口安装连弩车，在军队防御的时候，要布置天罗虎落锁连这种障碍物（缀有蒺藜的网），这种障碍物宽一丈五尺，高八尺，需要一百二十具才能形成战斗力。另外，要设置有虎落剑刃扶胥的战车（竹篱），这种战车需要宽一丈五尺，高八尺，需要五百二十具。这些东西太多了会对我们造成负担，但若是太少了，效果甚微，所以要适中。

"渡桥或是行走在地面不平坦的地方，那么，就要设置飞桥，间宽一丈五尺，长至少也要在两丈以上，而且飞桥上要配备八具转关辘轳，并且要用铁环和韧度高的长绳来架设。若是从大江大河上过去，而这时候战船不够，就要用到浮桥，这种浮桥宽一丈五尺，至少也要长两丈，一共八具便已足够，这种长桥需要铁环和绳子将它们捆起来。天浮的渡水器材也可以叫作铁螳螂的铁锚，内部呈圆形，外面的直径要在四尺以上，否则过小，也要用铁环和绳索将其捆起来，准备三十二具即可，此物可以取名天缸。

"倘若我们在旷野或是山林这种复杂的地形当中进行安营扎寨，这时候就需要用到木质材料打造的栅栏，每个栅栏用铁环和绳子并联捆起来，每一条的长度至少也要在两丈以上，这种栅栏需要准备一千二百条，因为它们的损坏率高，所以要多准备；而带有铁环的粗大绳子，需要长四丈以上，且铁环不能小于四寸，需要配备六百条；而中等的绳索，铁环大于两寸即可，但绳子的长度一定要在四丈以上，三百条即可；至于小号的绳子，就不需要铁环了，但每条也要在两丈以上，且需要一万二千条，可准备随时使用。

"天气不好，或是下暴雨，这时候运输粮草的辎车就需要一些东西了，比如要在上面盖上车顶板，每个板子上要刻上齿槽，这样才能让车顶板与车子吻合，每条木板宽四尺，长度保持在四丈以上，并且每一辆辎重车都要用铁钉子加以固定，防止毁坏。

"用来砍树的斧头，规格控制在八斤，手柄长三尺以上，才能发挥出斧头的威力，需要三百把。备战中所需要的锄头，刃宽要六寸，柄长五尺才方便使用，也需要三百把。而锤子呢，只要长五尺以上便可，不得少于三百把。同时也要准备手柄达到七尺以上的铁耙三百把，这些都为后勤之用，能出奇效。叉杆也需要三百把，而且数量不得少于三百把。

"用来锄草的镰刀需要三百把，手柄不得少于七尺，否则无用。大型镰刀需要三百把，重量要在八斤左右，否则锻造的意义不大，只是浪费材料。

"出动万人以上的军队，总共需要配备威力强大的连弩六千张，戟和大盾牌需要两千套，长矛和大盾也要两千套，这样才能保障我方军队的安危，同时让他们形成强有力的战斗力。随军而行的工匠需要三百人，他们主要负责维修兵器和战车等器械，这些，便是我按照万人部队所计算出来的装备和数量以及各类型号，不知道大王还有什么不懂的地方？"

两人谈话时，周武王便让旁边的随从将这些数据都记录了下来，姜子牙说完后，周武王便吩咐左右下去准备。

周武王自己也分析了一下这些装备数量，最后和姜子牙所说

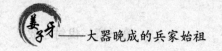

的居然相差无二，不由赞叹道："太公所言甚是。"

姜子牙的前半生，并没有参与战争，包括纣王早年执政时期对东夷发动的战争，他都没有直接或间接地参与，所以更不可能去战场上直观地看到兵对兵将对将的攻伐与砍杀，可他却能在脑海中直接演化万人以上的军队交战，且分析出需要什么武器、需要什么装备、尺寸规格等。

这也难怪他能有十足的把握静等伐纣契机的到来。

毕竟，一支强大的部队，少不了装备的加持。清朝时期，八国联军侵华，当时清军在人数上占有绝对的优势，却在正面战场上屡次战败。首先自然有人为因素，可同样的，装备对他们来说也是致命的，甚至有些炮弹打出去都是生锈的，不仅如此，连储藏炮弹的储物箱子都发霉生锈，这大大降低了清军的士气，由此可见装备对一场战争来说具有多大的作用和影响力。

不仅如此，姜子牙在阵法上也有着特别的造诣和看法。

此前，周武王曾这样问过姜子牙："排兵布阵不是简单的冲杀，更不是比拼人数，需要配合不同的阵法，比如三阵中的天阵、地阵、人阵，太公对此有所了解吗？"

姜子牙道："阵法要根据日月星辰以及北斗星所在的方位来布置，按照天象布置的阵法便叫作天阵；若是利用地形来布阵的，就叫作地阵；而配合战车、骑兵或是拥有高爆发力的杀伤性武器的部队来布阵的，这便是人阵了，因为这种阵法主要以人为主。"

在历史上出名的战阵其实有很多，诸如司马懿的混元一气阵，或是诸葛亮的八卦阵，每个阵法都由不同的兵种搭配，以此将单兵战斗力发挥到极致，而阵法的布置，也要考虑到天气地形的因素，在不合适的地形上布置不合适的阵法，不仅会降低阵法的威力，也会折损己方单兵的作战能力。

民族英雄戚继光，在抗倭战争中屡屡获胜，也与其善于用阵法有着紧密的关联。

两军交战，局面瞬息万变，没有人能预测下一秒会出现什么意外，只有当一方战败或是战胜了，才算是彻底地完成了一场战争。周武王考虑得很全面，也在脑海中不断演练战争中有可能出现的变数，他担心在伐纣之战中处于不利的位置而导致战败结果，故此向姜子牙询问破解之法，他道："两军交战中，敌人率先包围了我们，而且切断了我们的行军路线，并且摧毁了我们的粮草和运输粮草的粮道，这时候我们应该怎么做才能转危为安？"

姜子牙道："这种极端不利的情况下，秘诀只有一个字，那便是'快'字，快刀斩乱麻，一旦出现不利的情况，就要以最快的速度进行突围，因为速度过慢，就会被包围而导致全部被围歼。

"突围的时候，也要用到兵法，让军队结成'四武冲阵'，然后让最强大的战车搭配武力值高的勇士来进行冲撞，借以震慑敌军，让他们不自觉地给我们留出退路，速度一定要快，这样便能化解危机。"

周武王则问道："那如果我们已经突破包围圈，想趁着士气还在的时候，借机回旋击败敌军呢？又该怎么做？"

姜子牙道："这便要划分三军，左军急速向左边发动攻击，右军向右边进攻，以切割分化的方式，将敌人的阵型破坏。不能和敌人争夺主要道路，不然我们的兵力就会因为分散而失去战斗力。在左右两军交错切割敌人的同时，再让中军进行轮番快速的冲击，这便能将切割出来的地方让先头部队击败，用这样的方式来战斗，哪怕敌人追击的数量比我们多，我们也有机会打败他们。"

简而言之，姜子牙所用的方式便是以暴制暴，只有这样才能强行压下敌人的士气，而我方军队也会在主将率领的先头部队的带领下，爆发高昂的战斗意志，不可仓促行事，而古人自古就有"困兽犹斗""穷寇莫追"之说法，为的便是避免这样的问题出现，不然会导致好不容易打下来的大好局面被敌人给反制，进而败北。

在充分解决这个问题后，姜子牙便又和周武王对正面战场的情况进行了论证。

据《六韬·虎韬·临境》中记载，周武王因担心商朝的战斗力太过于强大，甚至有可能在正面战场拥有与己方匹敌的战斗力，于是便向姜子牙问道："伐纣之战一旦开战，双方在正面战场上相互对峙，而我们双方的兵力都差不多，装备也差不多，这时候不论是敌我双方哪一边主动攻击，意义似乎都不是很大，因为双方的阵营都很稳固，这种情况对我们便会很不利，因为我们是主动出击的一方，消耗巨大，不能打持久战，这时候就应该我们先攻击对方，可若是先去进攻了，敌人又去偷袭我们的后方，这该怎么办呢？"

姜子牙道："这种情况也得使用军阵，分为前后中三路军，双方在边境线上对峙，那么可以让前军去挖战壕，同时修筑壁垒，强化我方的防御工事，这时候就不要出战，等一切准备好后，再进行信息传达，摇旗击鼓，让我方军队做好随时攻击的准备。

"这时候，就要让后军大量准备打持久战的粮食，并且不能让敌人知道我们的意图是什么，否则他们便会趁着我们修筑防御工事的时候来偷袭，这便会让我们陷入被动当中，前后两军下达命令后，再以中军的精锐部队去偷袭敌人，在前后两军的混淆下，中军可以起到出其不意攻其不备的效果，而敌人一旦看到我们主动进攻，就会忌惮我们，自然不敢贸然主动出兵了。"

周武王道："那如果是在敌人已经知道我们这么做的意图之后呢？他们看到了前军是为了加强防御，后方也在准备，趁着我们刚刚分化兵力，他们便出动精锐埋伏起来在我们的必经之路上偷袭，我们这时候肯定是没有提前防备的，这时候又应该怎么办？"

姜子牙道："大王无需忧虑。"

周武王不忧虑才怪呢，要是周国折损在他手里，他有何颜面祭拜自己的父亲和祖父？他要做的便是一战必胜，一击必杀，绝不容许有半点差池存在。

为了让周武王安心，姜子牙便说了他心里的计谋："如果敌人已经洞悉了我们的意图，那我们要做的便是让敌人对我们再次起疑。"

周武王面带不解，但见姜子牙信誓旦旦的模样，想必对方已经运筹帷幄，不由问道："太公的方法是什么呢？"

姜子牙道："让前军每天都去挑衅敌人，在敌人面前叫阵，敌人出来我们就跑，敌人不出来就骚扰他们，用这样的方法去消磨敌人的耐心和降低他们的防范。同时，派出部队里的老弱士卒，让他们在四周砍伐树木，拖着树枝到处乱跑，这时候再配上我们的击鼓呐喊，敌人一看我们这边烟尘四起，声势浩大，必然不敢贸然出击。

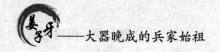

"加上阵前的不断骚扰，让敌人心头起疑后，他们的战斗力就会大打折扣，让我们借此机会快速投入战斗，以雷霆之势冲向对方，敌人必败。"

两军对垒最不利的便是互相僵持，而这时候就要提前创造战机，然后抓住战机，达到出其不意的效果。

姜子牙充分意识到了这点，他的聪慧替周武王排忧解难，也锻造出了战力十足的三千虎贲军。

当然，战机千变万化谁也拿捏不准，也许会对自己有利，但也有可能陷自己于不利当中。

周武王和姜子牙讨论完战备、军阵、对峙以及败退等方案后，紧接着提出另一种情况。

"临战时双方可以创造战机，那假如是我方领兵深入敌人境内，敌我势均力敌，再一次陷入对峙当中，应该怎么办？因为我们在敌人的地盘上，对地形也不熟悉，不清楚敌人后方到底有没有援军等，这时应该怎么做才能让敌方主将陷入恐慌，士气低落，让他们的阵法陷入混乱导致有许多士兵想要逃跑呢？"

军队进入敌国，便是在别人家门口打仗，熟悉地形还好，若是不熟悉，那结果肯定就很微妙了。

双方交战，一旦踏入别国领地，敌人的士气就会爆发，周武王不仅想在攻入敌国后占据有利地形，还想打败准备充分的敌人，实际上很难。

然而姜子牙却仍旧有对策，他道："这时候我们也要依托地形来进行布置。首先，派遣一支部队偷偷地绕到敌人后方十里左右，然后在道路两旁埋伏起来，并且提前安置好陷阱与障碍物，另外派遣战车部队和骑兵部队绕开敌人百里之远，进行迂回作战，要深入敌人的大后方才行，同时让部队多准备旗帜，增设大鼓，在双方交战的时候，埋伏于各地的部队同时向敌人发动进攻。

"这时候，敌人的主将因为摸不清我们到底怎么回事，一眼看去，四面皆兵，心里肯定会慌乱，主将一乱，麾下部队定然又惊又骇，如此一来，他们的心里想的就是怎么活下去、怎么跑得快，而不是正面和我们交战，敌人必败。"

不论是战车还是骑兵，都是古代的战力天花板，手持长矛骑着奔腾起来的战马，声势浩大，而被特别打造的战车更能让人胆

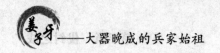

战心惊。姜子牙以骑兵和战车来营造己方声势，用这样的方法来震慑敌人的心态。

于是，周武王问道："那如果敌人所处的位置，不方便我们在道路两旁设置埋伏呢？我们的战车和骑兵同时深入敌人后方，短时间内肯定无法迂回作战，而且敌人偏偏又在这时候发现了我们的意图，率先做好了充足的准备。这不仅分化了我们的整体战斗力，也导致我方士兵产生厌战情绪，士气低落，这时候就是我们的主将担惊受怕了。太公以为应该怎么破解这样的困难呢？"

姜子牙道："这个问题问得好。"

只有预判了敌人的预判，才能把握先机，面对战场上瞬息万变的情况，对一个人的心态肯定是巨大的考验。心志不坚者，必定被吓到胆寒，而心志坚定者，往往能在绝境中寻找到一线生机。

姜子牙道："大王问的这个问题，相当不错。像这样的情况，那就应该在交战的前五天，提前派出斥候和探子去侦察敌情，带回来的情报经过我方分析后，决断敌人是否要前来进攻。这时候，便预先进行埋伏，而且要在对敌人最为不利的地形上埋伏，这样一旦交战，我们才会有优势。同时也要疏散我方的旗帜，拉开每一支队伍的距离，并且要始终同敌人保持相当的兵力进行攻打，兵力一样才不会让敌人怀疑我们的意图，打一会儿就跑，敌人追过来后便再打一会儿，然后鸣金收兵继续跑，一直跑到我们提前布置好的埋伏圈内，这样敌人便会落败。"

周武王神色大喜，不承想原来一切都在姜子牙的掌控当中。

而这里姜子牙用到的便是兵法中的伏击战。伏击战在古代也是最为常用的战法之一，主要是依托地形上的优势进行埋伏，充分强调了四周环境的重要性，而且用了诱敌深入的兵法策略。

当然，在这种情况下还要考虑到天气以及时节的因素，反正已经讨论到这里了，不妨再问问。周武王很认真地对待伐纣之战的事前准备，做到未雨绸缪，运筹帷幄，他道："同样，在我们深入敌国境内以后，双方的兵力也相差无几，可这时候时节对我们不利，如果连下大雨导致我们修筑的防御工事全部毁于一旦，又或者是酷暑严寒，这就有可能让我们的斥候疲于侦察，士卒也疏于战斗，会认为下大雨了，敌人不可能打过来，可偏偏这时候敌人就打过来了，而且还是在晚上发起突袭，我们在毫无准备的

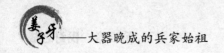

情况下，应该怎么处理这种突发危机产生的混乱？"

姜子牙在地形上论证了战术，脑海中必然也出现了天气等情况，于是说道："这就要提前操练士兵，只有一直处于戒备状态，才不会出现松懈让敌人有可乘之机，既然敌人是在晚上发动的突袭，那么，我们就要在这时候，于我军营地中发出不断的呼应声下达指令，让执旗手挥舞旗帜发号施令，让内外营地的人都能看得见，同时让无畏的勇士击鼓壮大我方士气。

"这么操作过后，敌人肯定分不清我们到底是怎么回事，会下意识地认为我们早就做好了准备，就会趁着夜色退走，夜晚不仅能帮助敌人，也能帮助我们。以三千人为一屯的建制来配备，要严肃警告各个统领，让他们对麾下的士卒严加约束，不能让他们有一点点的懈怠。如果这时候敌人突然来了，见我们内外高度一致，便判断不出我们的真实情况，就算真的打过来了也会因为我们的严密防守而退走。只要他们一走，我们便可以趁着他们还在怀疑的时候，在后方派出精锐部队进行追击，瓦解敌人的士气获得胜利。"

"这自然是一个好办法，可敌人如果本身就是为了让己方军队脱离老巢呢？"周武王担忧道，"敌人会不会预先知道我们要乘胜追击，所以佯败退走，然后在我们的必经之路上设下埋伏，等我们的部队冲出营地到达那个地方后，他们忽然内外夹击，这时候我们肯定军心不稳导致阵法混乱，这又该怎么办？"

姜子牙道："想要破解包围，就要把我们的军队分为三个部分，一个部分跟踪追击敌人，但不能贸然进攻，要步步为营，稳扎稳打，不要进入敌人的埋伏圈，然后在快要达到敌人的埋伏圈时，让另外两个部分的部队忽然杀过来，分化的三个部分各自解决敌人的各方面士卒，并且发号施令。敌人一看我们已经预判了他们的意图，心惊胆战之后就会败走。"

夜晚袭击往往会让许多人意想不到，比如三国时期，刘备偷袭曹操的营地，结果却扑了一个空，反被曹操包围其中，导致大败而归。

这时候不论是进攻方还是防守方，都应该严加防范，不论出现怎样恶劣的天气，都不能掉以轻心，特别是极端环境下更容易被敌人钻空子，这时候如果巧妙运用这样的气候进行反制，就能出其不意地击败敌人。

而若是军队已经处于绝境之中，姜子牙也有办法力挽狂澜，反败为胜。周武王问道："在敌国腹地作战，忽然被人断了粮草和粮道，同时对方迂回到了我们大后方，并以前后夹击之势对我们发动进攻，这时候我们若是和敌人交锋，在对方充分的准备下，只怕不能获得胜利，但若是防守，又只怕坚持不了多久，这该如何是好？"

姜子牙道："深入敌国，一定要仔细观察地形，务必在安营扎寨之时，找到对我们有利的地形，可以依托险要的山川关口，或是方便藏匿的密集丛林当中，同时也要保证水源不被敌人掐断，只要掌握了这些，我们就能守住阵地，而因为地形的复杂，敌人也无法判断出我们的粮道，自然无法掐断，更不能迂回到后方对我们进行夹击了。"

这种条件当然是要在山川密林之中，但如果是在开阔的平原地带，便会失去作用，故此，周武王问道："伐纣的路线基本处于平原的地带，这时候盟军因为天气等因素没有及时赶过来，而我们又与敌人的主力部队碰撞，进退两难，守不能守，退不能退，敌人在这时候抓住地形的优势，从两翼完成包围圈，我三军只怕危矣。"

　　姜子牙给出的答案，还是以不变应万变，他道："这时候就要提前对外侦察，而且距离要远，至少也要在两百里的范围内，如果这个范围内出现了敌人，那么斥候就要调查敌人的具体位置，判断出地形对我们不利的时候，就提前用战车这种大型武器在前方进行掩护，以掩护来防御我后方的粮草大军。同时，组建两支'踵军'在我们的主力部队后方进行跟进，踵军要和主力部队达到百里的距离，近的话也得五十里才行，如此一来，即便是我们遇到了紧急情况，他们也能快速跑过来进行支援，这样我们便能对敌人形成反包围，只要经过周密的部署，就不会出现意外的损伤。"

　　周武王大赞，遂问道："乘胜追击到敌国腹地，虽然占领了他们的地盘，但大型的政治中心等城市还没有攻下来，而敌人在城外却还有一支强大的部队固守在险要的地段上与我们僵持，这时候我方如果发动攻城战，那么另外一方的敌人肯定会乘虚而入骚扰我们，甚至联合城内的士兵对我们造成夹击，该如何破解？"

走到攻城这一步，说明敌我双方力量悬殊，且敌人已经经过一次次大败才会丢失大量的地盘，不得已固城而守。姜子牙道："攻城时，一定要把战车和骑兵安置在距离城池较远的地方，负责后方的防御和守卫，强大的战车和骑兵可以有效震慑敌人后方的部队，并切断他们有可能的内外联系，这时候只需要僵持便可，城内的士兵日常消耗巨大，没有外在补给输入，弹尽粮绝之下必然发生恐慌，不出几日便会开城投降。"

周武王问道："如果是在敌人已经弹尽粮绝的情况下，偏偏敌人互相还有联系而且密谋突围，在晚上对我们发动突然袭击并拼死血战不退，他们用战车搭配的精锐部队攻入我方营内，这该如何是好？"

姜子牙道："划分军队，化整为三，依托地形进行驻守，首先要做的便是查探好敌人外在部队的具体情况和大致位置，然后故意给敌人预留一条退路，用计谋诱惑他们出来，但又不能让他们跑掉，而这时候敌人就会因为被包围而丧失军心，他们要么往更复杂的丛林中逃跑，要么便是投靠其他城池的军队。

"这时候，我们的机会便来了，分化出来的三军，派出一支搭配战车与骑兵的部队，直接阻击敌人的先头部队，不让他们逃跑，再用计谋让城内的守军以为他们的部队已突围成功，这时候，城内的士卒就会在被包围且已经没有补给的绝望下，开门逃跑，逃不走的也是老弱病残，我们只需要以另外的部队夹击就可以了，时间久了，敌人最后的战斗意志便会被彻底磨灭，这时候我们就可以乘机攻入城内占领城池，但是，不能破坏城内的建筑，更不能毁掉他们的坟地和农田良木，不该杀的不杀，更不能虐待俘虏。用文王的仁德来感化他们，让百姓感觉到我们的仁义，这时候我们再给予他们生活上的粮食，告诉他们有罪的只是这里的官员，而不是百姓，百姓一听自然心悦诚服。"

攻城战，往往打的是心理战术，姜子牙这一番论证不仅避免了各种出错的可能，同时还对周武王说出了如何收买人心。

国家的基本盘，实际上还是百姓，少数统治者统治多数的百姓，就要做适当的退步和取舍，只有懂得付出，才有收获，而一旦俘获了人心，就能长治久安，让国家的基本盘稳如泰山。

问完这一切后，周武王有了出兵的打算，为了出兵顺利，他提前用龟甲占卜吉凶，然而得到的消息却相当不好，是个大凶之

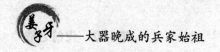

兆，这个结果让姬发心里很是沉重，一些臣子也跟着犹豫起来。

在古代，古人对卦象的结果很信任，觉得这是天神给的提示，这一卦让姬发显得有些底气不足，惶恐不安，差点就要暂停这次出兵的打算了。正当众人议论纷纷的时候，姜子牙站了出来，义正词严地说道："大王，现在纣王亲手掏出了良相比干的心脏，还把箕子给关押了起来，这些难道你不知道吗？我们现在是替天行道，大王何故相信这卜术之言？"

这话顿时把周武王给惊醒了，眼见自己的尚父都有这般勇气，自己还犹豫什么呢？于是下达命令，三军顿时启程。

此番伐纣，深入商朝腹地深处，又是长途跋涉舟车劳顿，故而周武王说出了自己的担心，他道："在敌人的腹地深处，到处都有茂密的丛林环绕我军四方，而这时候我们走了数百里地没有休息，不论是士兵还是战马都很疲惫，偏偏这时候的地形对我们很不利，假使这时候敌人忽然出现放火，又用精锐堵住我们的退路不让我们逃跑，该如何是好？"

这次出征，卦象显示大凶，周武王伐纣的意愿并不是很强，此次又是路途遥远，周武王对商朝环境也不是很熟悉。姜子牙当年在朝歌为官，又在那里生活过几十年，对四周的地形都很了解，为了打消周武王的疑虑，他便给出了应对方案，道："在有茂盛杂草的地方扎营，首先就要用到云梯等可以登高远望的器械，一旦发现敌人放火，就顺着风向在距离我军较远的地方跟着放火，这样就能扩大火焰焚烧面积。

"而这时候尽快在我军后方放火，烧出一块空地来，若是敌人在这时候冲过来了，我们便可以把军队撤离到这块空地上进行防守，因为杀过来的敌人在我们后面，所以他看到大火后就会退走，而我们在空地内防御时用连弩保护四周，敌人便会退走。"

周武王又问："那如果敌人是在我们前后左右四处放火呢？烟雾覆盖之下，我们也无法查探敌情，到时候他们忽然杀过来，我们怎么办？"

姜子牙道："只要我们结阵便可，以连弩防护左右，战车进行先头压阵，鼓舞我们的士兵，军心不乱，严阵以待。敌人一看我们做好了决战的准备，若他们准备不充分，就会退走，即便打起来了，纵然不能取胜，但我们也不会落败的。"

周武王点兵，大军终于开拔，在卦象不利的情况下，依旧无畏地向着商朝进发。只是这一路，委实有些坎坷，一路上周武王还在回味卜卦的内容。当他们顺着渭水一路走到孟津，正准备渡河之时，却天降大雨，而且四周还有山体滑坡，阻断了他们前进的道路。

狂风伴随着飞沙走石，在河面掀起了滔天巨浪，他们想要过去，谈何容易。不过武王并没有害怕，有姜子牙在他身边，便如同有了主心骨。起先随行大臣都畏惧于卜卦的内容，于是他命令左右手持大旗，站在河边大声喊道："我替天行道，是为还这天下一个朗朗乾坤。"

他的这番话，让诸将士顿时稳下心来。

来时因为战前讨论，所以准备充分，遇到大水以后，直接架上事前准备好的浮桥等器械，大军很快便有惊无险地渡了过去。

可怪事并没有就此完结，当他们走到现今的河南温县地界时，又遇到了大水。河南温县有一条黄河的支流，这场大水导致河面暴涨，并且大有决堤之势，这又让本就不安的众人心情越发沉重了。

难道，伐纣真的不是时候吗？他们还没有奔赴朝歌，便接连遇阻，而且怪事轮番出现，这不仅使随行部队的军心动摇，连周武王都再一次陷入困惑。

不过这些并没有难倒他们，早在军队出发之前，就提前备好了装备，所以虽然渡河艰难，但结果有惊无险。

渡河过后，继续前行，转到东北方向抵达怀城（今河南武陟），经过这里的时候，四周的城池年久失修，加上大雨大水的冲刷，在他们到来之际忽然垮塌，差点就让路过的军队遭了殃。

不得已，众人只能绕道而行，一路走来人心惶惶，尽管还在可控范围内，但恐慌已经在他们心里蔓延。

就在众人惧怕怀疑，不敢再往前走的时候，姜子牙站出来了，他力排众议，坚持伐纣的决心，认为现在时机已到，不能错过，一旦错过，他们将再也没有伐纣的决心和机会了。

其实在还没有发兵之前，姜子牙便同周武王有过一番谈话，说的便是若遇上大雨或是洪水等恶劣自然灾害该怎么办。

当时，周武王问姜子牙："引兵深入诸侯之地，遇深溪、大谷、险阻之水，吾三军未得毕济，而天暴雨，流水大至，后不得属于前，无有舟梁之备，又无水草之资，吾欲毕济，使三军不稽

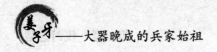

留，为之奈何？"（《六韬·虎韬·军略》）

这也是周武王很顾虑的一个地方，领兵作战靠天时地利人和，若天时不具备，己方的士气便会折损一半，而他的问题也直指了核心所在，如果领兵深入到敌人国家的腹部深处，进退两难时，又遇到了大深谷和无法通过的宽阔河流，而我方军队还没有完全渡过河，这时候忽然天降大雨，流水猛涨之下，导致后面的军队和前方的部队被中间的溪水隔断，这时候既没有船，又没有桥，而且还没有足够的粮草补给，在这样的情况下，想要让后方的军队跟上来，应该怎么做？

姜子牙思考过后，回道："凡帅师将众，虑不先设，器械不备；教不素信，士卒不习。若此，不可以为王者之兵也。凡三军有大事，莫不习用器械，攻城围邑，则有轒辒、临冲；视城中，则有云梯、飞楼；三军行止，则有武冲、大橹前后拒守；绝道遮街，则有材士、强弩卫其两旁；设营垒，则有天罗、武落、行马、蒺藜；昼则登云梯远望，立五色旗旌；夜则设云火万炬，击雷鼓，振鼙铎，吹鸣笳；越沟堑，则有飞桥、转关、辘轳、钳锯；济大水，则有天潢、飞江；逆波上流，则有浮海、绝江。三

军用备，主将何忧？"（《六韬·虎韬·军略》）

　　意思是指但凡大军出征，都要提前部署，提前将所有可能遇到的情况统统考虑进去，以备不时之需，如果计划不提前预备好，装备也不提前准备好，加上平时的训练也不周到，那么，士卒的反应就不会敏捷，这样的军队，也算不上王者的军队。

　　所以，只要军队出动，就要提前想好万全之策，比如以后要攻城，那么就要用"辒辒""临车""冲车"；想要观察城内的情况，就要用到"云梯""飞楼"；三军的前进步伐被阻断，就要用到"武冲"和"大橹"来进行前后掩护；如果在交通断绝和被阻止的情况下，就要让强大的武士来操控弓弩进行制控，抢下优先权。

　　驻扎营地，为了让营地更加安全，就要用到"天罗""武落""行马""蒺藜"；白天让士兵站在最高的云梯上观看四方，充当千里眼，并设立五色旌旗来传达信号；晚上就设置好烟火、火把以及火炬等东西，并用"雷鼓""振鼙铎""吹鸣笳"等方法作为信号；遇到壕沟就用"飞桥""转关辘轳""钼锯"；遇到大河就用"天潢""飞江"便可渡河，倘若要逆流而行，那便使用

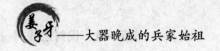

"浮海""绝江"等物品。

假设这些问题和装备在大军都没有出发前，就已经提前备好和熟悉操练了，那么，我们还有什么担忧的呢？

所谓兵来将挡，水来土掩，万变不离其宗，便是如此，相生相克，也相互依存。

姜子牙在没有出兵前便以前瞻性眼光帮周武王提前准备了可能遇到的突发情况，可谓用心良苦。

此次周武王因占卜的结果导致他信心不足，而主将的信心便决定了部队的士气。

这次伐纣之战意义重大，姜子牙深知战机稍纵即逝的道理，必须牢牢把握先机，不能错过，他一面安抚周武王姬发的不安，一面又将这些道理告诉随行部队，鼓舞他们的士气。周武王和诸多将士终于在他的鼓励下，重拾信心。

为什么能这么快重拾信心？因为提前就把这些有可能遇到的问题想到了，而且还准备了应急之物。

众人赶赴孟津后，与庸国、卢国、彭国、濮国、蜀国等部落的兵马会合，联军一度达到数万之众，甚至还有不少诸侯国的国君亲自带兵参与。

于是，周武王将同姜子牙共同创作的《太誓》对着各大诸侯王宣告："现在纣王一心只为了酒色，根本就不管黎民百姓的生死，这样的人，不配统率天下，无德无能。他听信妲己的谗言，自绝于上天，把自己的叔父比干都给杀了，这是有违天理的。而且他还废掉了先祖的音乐，采用淫乱的音乐去篡改代表礼仪典雅的音乐以博取妲己的欢喜，实在是罪不可恕。所以我姬发这次要替天行道，拯救黎民百姓于水火当中，兄弟们，我们都要尽全力来做这件事，机会只有一次，不会再有第二次和第三次的机会了。"

当时的计划是趁着商朝的主力部队还停留在东南方向没有回归，便让己方的精锐部队以迅雷不及掩耳之势纵深进入朝歌，打他个措手不及，只要一举击溃朝歌的守军，占领他的政治中心，那么商朝的政权就会直接瓦解。

这样一来，商朝的外在部队就会失去主心骨而变得涣散，群龙无首之下，最适合的战术便是逐个击破。根据《诗经·大明》中的记载，这次策划被称为"燮伐大商"或"肆伐（快速进攻）

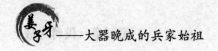

大商"，即靠速度取得胜利。

一切准备妥当后，诸侯王在周武王姬发和姜子牙的带领下，冒着大雨继续东进，从氾地（今荥阳市氾水镇）渡河水（黄河）后，不断北上，最后来到白泉（今辉县市西北方向）往东边行军。

次日清晨，周国联军到达牧地，在这里，周武王姬发进行了庄严的动员令，他对所有人说道："纣王导致商朝礼乐崩坏，人心惶惶，朝政混乱，他杀自己的叔父，残害百姓，今日我姬发便以天子之名，替天行道。"

这一次和上次的孟津阅兵大不相同，因为两年来纣王的暴政已经扩散到了全国各个角落，众人闻之色变，对纣王又恨又怕，所以纣王失去了人心，当周武王姬发振臂一呼时，得到了天下各地的响应。

一番肃穆的誓词，让联军军心大振，史称"牧誓"。

此时，军队已然深入商朝腹地，驻扎在牧野之外，此地距离商朝首都仅仅一百多里地。

探子传回来的信息，使周武王听后彻夜难眠，纣王已经开始下达动员令，麾下大将有费仲和恶来，以及号称七十万的军队在驻守。

　　周武王辗转反侧睡不着觉，便找到姜子牙继续讨论深入到敌人腹地的作战方法。姜子牙也没睡觉，还在准备第二日的大战，见周武王心事重重地过来，不由问道："大王有什么担忧直说即可。"

　　周武王问道："现在我们已经到达朝歌城外了，而且距离也不算远，你说这时候他们突然发动袭击怎么办？听探子带回来的消息说纣王有七十万的军队，虽然我们有诸侯帮衬，可他们的人数是我们的数倍啊，而且领兵的还是恶来，恶来这个人名声在外，非常强大，万一恶来带领战车和骑兵包抄我方两翼，怎么办？"

　　华灯初上，驻扎的营地刮起一股肃然之风。

　　不论是谁，今晚都注定难眠。

　　云集而来的诸侯也是心事重重，表面看似服从周武王的统治，可年纪轻轻的周武王在武力上并没有太大的建树。

　　周文王在世时，南征北战，虽以仁德治世，但毕竟是从刀口

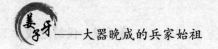

上打下来的周国疆土，诸侯是心服口服。

现在随军出征，都把各自的家底搬出来了，若是败北，结局可想而知。

也难免此时周武王会心绪不安，越是接近作战之地，他越是忧虑。

姜子牙道："这种情况可取也不可取，处理得好我们会胜利，处理不好却会全军覆没在这里。"

周武王听出姜子牙话里有话，忙问道："请太公详解。"

姜子牙道："恶来的确勇猛，他们人数也多，但大部分都是奴隶，战斗力并不强，我这三千虎贲便可击退他们。"

见周武王还是满脸的忧虑，姜子牙给出了解决方案，他道："我方军队可以配置强弩，搭配武冲大战车和骑兵，他们的作战半径一般在距离我们主力前后三里左右，不远。敌人突然出现，我们就用战车和骑兵攻击敌人的两翼，这样敌人就会陷入混乱当中，而我们如果有逃跑的士兵或是诸侯，在见到我们挡住敌人的攻势以后，自然就会停止逃跑回来归队。"

周武王问道："那如果是我们双方的战车和骑兵碰上了呢？

他们人数有优势，而且恶来带兵很厉害，若是他们的阵法整齐，又都是精锐之师，我们打不过怎么办？"

姜子牙道："两军对垒并非只有正面冲杀，我们可以用计谋取胜，让佩带强弩的勇士埋伏在作战两侧，再用战车搭配骑兵组成牢固的防御阵线，一旦敌人通过我们的埋伏圈，先用弓弩对他们发射，等敌人一乱，便立即出动战车和骑兵，对他们发动猛攻。骑兵的机动性强，可在前方进行攻击，也可以在后方进行攻击，敌人虽然数量多，却陷于我们的包围之下，取胜只是时间问题了。"

周武王道了一声好，悬着的心终于放了下来。

其实周武王提出的这种情况并非没有可能，周国率领的军队已经快要打到朝歌了，纣王岂能一点不知情不做准备？而陪伴在纣王身边的费仲，虽然是奸臣，但自身还是有点本事的，要不然也不会被称为一代枭雄，他极有可能向纣王提出这个建议。

这种战斗的触发很微妙，而且时间短，又很急促，双方都有暴露出自己弱点的可能，只能沉着冷静迎战，提前布置好陷阱和埋伏，才有机会取得胜利。

反正都睡不着了，周武王看着四周忙碌准备的士兵，他只想和姜子牙秉烛夜谈，故此再次问道："这里地势开阔，没有山顶也没有什么巨大的石头，如果我们四面受敌，怎么办？而且还没有固守的地方。"

姜子牙环顾四周，此刻夜微凉，牧野之地虽然开阔，但也有起伏的山地丘陵，他道："没有山顶反而更好，如果我们占领山顶，反倒容易被敌人围困，下山不得，并容易被他们切断补给以及水源。

"你看今晚的天象，乌云压顶，我们可以使用乌云之阵来解决这个问题。首先，便是以机动部队支援各方面作战，部署兵力要充分依托地形，让我们的战斗力发挥到最大，来时大王打造了数千的障碍物，现在便可派上用场。

"若我们退守牧野后方的山顶，那就要对山地的东南西北进行严密的防守，不能有敌人攀登的地方，若是敌人攀登，就派兵打他们。而山地通往平坦之地的路，我们要用战车来守护，这是我们的生命线，不能让敌人掌握在手中。

"然后以旗帜联络三军，发号施令，要在敌人不能察觉的情况下，修筑山上防御工事，这工事可以称之为'山城'，我们部署好军队，严阵以待，敌人便不敢来强攻，就算来了很多人强攻我们的防御阵地，也会落败，甚至有可能擒获他们的主将呢。"

周武王问道："若我们与敌人隔着一条大河互相对峙，敌人的粮草和装备又很充足，且兵力比我们多，反观我们因为深入腹地之故，粮草匮乏，兵力又少，倘若我们主动过河出击，却又没有实力往前追太远，但若是拖延时间，后继粮草又不能让我们坚持太长的时间，怎么办？"

八百诸侯所携带的部队云集于此，加上周国的军队，每天的消耗堪称恐怖。

周武王又问道："而且我们现在处于这种荒芜贫瘠的地方，除却那边的朝歌城外，便再也没有城池供我们获取物资了，这又该如何是好？"

姜子牙道："军队没有足够装备和粮草，又没有城池让我们征集物资，这时候我们就应该主动寻找机会去欺骗敌人，然后趁机将部队分成两部分，一部分继续在河对岸迷惑敌人，另一部分却悄然在后方设置伏兵反攻敌人。"

周武王问道："那如果我们的计划被敌人看穿，他们不上当受骗怎么办？等他们看出我们的计划后反而主动出击，我们就退无可退了。"

姜子牙想了想，道："这种情况下，我们就要主动寻求出路了，先分析敌人的主将是什么性格，是否贪财，如果贪财，就用大量的金银珠宝去贿赂对方，再派出一些能说会道之辈偷偷潜入敌人阵营，诱使一些心志不坚者为我所用。想要完成这个计划，前提就是要在敌人没有察觉到的情况下进行，必须部署周密，尤为重要。"

临战前的最后一夜，姜子牙仍旧稳如泰山，气定神闲，这无疑让周武王吃了一颗定心丸，对即将到来的决战爆发出了空前的信心。

不论是平原还是密林，或是山地，姜子牙都给了他破解之法，在周武王看来，有这等神人辅助自己，又何愁不胜利呢？

又过了一日，联军到达牧野。《诗经》记载："牧野洋洋，檀车煌煌，驷骡彭彭。维师尚父，时维鹰扬。凉彼武王，肆伐大商，会朝清明。"

牧野距离朝歌仅仅七十里，且由姜子牙亲自督阵，按照之前的计划，他将带领三千精锐在前方冲锋挑战，为后面的大军开路。

此时，距离纣王得知姬发要打朝歌的消息并没有过去多久，就又得到消息说联军已经到达牧野，将与他进行一场决战。这突然的变故打了纣王个措手不及，因为这时候的朝歌城内根本没有足够的精兵良将来抵御，连像样的战车都没有。

和周武王临行前的充分准备比起来，纣王的不做准备反而成了出奇制胜的最大变数。

要知道，姜子牙本部兵马有三千精锐，还有三百辆战车，他朝歌仅靠步兵的话，根本就不是姜子牙的对手，人家的战车冲过来，拿什么抵挡？何况现在对方的军队士气正盛，喊出的口号更是让他心惊胆战的"替天行道"。

仓促之下，纣王连忙组建军队，将大批量的奴隶、战俘连同守卫国都的军队一起组合起来凑成七十万大军，开赴牧野迎战。当时领兵的是恶来与费仲，费仲虽然是个油嘴滑舌之辈，却懂得大是大非。

周若把商灭了，他难逃一死，为何？当年西伯侯姬昌之所以会被关押，原因便是他暗中向纣王告密，而今眼见姬昌的儿子姬发率领大军来到朝歌城外，他哪里还沉得住气，便主动请命领兵对抗周军。

从这点来看，他也不失为一条有血性的汉子，但今日之果，却也因他而起，倘若当初听纣王的话，直接将姬昌给杀了，或许还不会有今日的兵戈之祸，偏偏爱财的他，把姬昌给放了，所以费仲深知周军一旦攻进来的后果，故而新账旧账一起算，那便在战场上一分胜负好了。

可笑的是，纣王组建的七十万军队，在联军的冲击下，竟然不堪一击，他们虽然人数众多，却大部分都是奴隶和战俘，这样的军队哪里有战斗力？在联军的威慑下，顿时丧失了抵挡之心。

根据《逸周书·克殷》的记载，作为先锋军的姜子牙，仅仅携带了数百名精兵，便上前吹响了决战的号角，像一把尖刀，将这支涣散的大军从中间直接切开一道口子。周武王见状，便率领诸侯王及大部队，顺着缺口处一路秋风扫落叶，其间更是手刃仇敌，将费仲斩于马下。

第三章　伐纣之战

本就是奴隶和战俘的纣王军队，在这强大的气势震慑下，纷纷临阵倒戈，要么放下武器投降，要么便四散逃跑。

纣王敢用他们抵御联军的进攻，在后边肯定有亲信部队来押送，一旦发现前线有折返回来的奴隶，便将其直接击杀。可惜纣王低估了奴隶们逃跑的决心，在遭到周军强大的武力镇压后，快速乱了阵型。

慌不择路的他们，为了保命，只能拿起武器和后方押送的部队混战起来，这么一来，纣王最后的底气也被这些奴隶给打没了，随着姜子牙和周武王姬发率领的战车、甲士、步兵等层层逼近，纣王终于反应过来，自己要完蛋了。

趁着防线还在，纣王骑马返回朝歌城，登上鹿台的他，看着已经被战火包围的朝歌城，眼前浮现出曾经的一幕幕光景，商汤十数代江山，最终将要葬送在自己手中，这时候的他，也许终于醒悟了过来，不应该沉迷于酒色。

但现在醒悟又有什么用呢？前有夏桀暴政在前而被商汤所灭，历代君王登基都会告诫下一任要以夏桀为戒，不承想，自己还是走上了这条不归路，"纣王蒙衣其珠玉，自燔于火而死"。

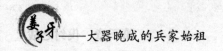

商朝至此正式灭亡。

等周武王追击纣王，进入朝歌城时，城中百姓拱手相迎，更有甚者早就在城郊等候，于是姬发只能让手下臣子去告诉百姓说："我这是替天行道，还你们一个朗朗乾坤。"

朝歌城内的百姓听后齐齐拱手下拜，共两次，姬发也跟着还礼拜谢，以彰显他爱民如子的仁慈之风。

进城后，周武王和姜子牙一同到了纣王死的地方，这便是鹿台，是纣王最引以为傲的地方。见到纣王的尸体，姬发用箭射了他三次才停下举动，第一箭为了这天下百姓，第二箭为了他父亲被囚禁的七年之冤，第三箭为了他哥哥的枉死之痛。

三箭射完，姬发又用自己的佩剑捅了他几下，最后才用黄钺砍下纣王的脑袋，并亲自将他的脑袋悬挂在大旗上公示，昭告天下这个残暴的君王已经死去，这里即将迎来周王朝的统治。随着纣王身死，同时也把商朝的一百多个大臣贵族等全部俘获，这些助纣为虐、不分是非的大臣，都将被带回镐京祭祖灭杀。

虽然这里已经告一段落了，但并不代表战争就彻底结束了，实际上，这时候商朝还有许多得力部队游离在外，这些残余力量依旧能够给周王朝带来威胁。

周武王在文臣武将的簇拥下，在朝歌城内举行了受命仪式，宴会中他喝了很多酒，终于了却一桩心头事，可他也明白，拿下朝歌城，不代表他现在就稳坐江山统治天下了。

他们能在数日内将商朝覆灭，以少胜多，虽然少不了姜子牙的勇猛和出谋划策，更多的还是此时商朝的主力部队在外，导致国内兵力空虚。

纣王虽然死了，但他的子嗣还有残留，若他们举兵杀回来打个回马枪，那自己这个位子估计还没坐暖和就会被重新赶下台。

他忧心忡忡地将心里的顾虑对尚父姜子牙和弟弟周公旦说了。

两人听后，同时露出凝重的神色。

为了解决刚刚建立政权的周王朝的周边威胁，三月丁卯，姜子牙奉命讨伐商朝重臣恶来。姜子牙用兵如神，运筹帷幄，携带胜利之师秋风扫落叶，很快便击败了恶来的军队，并将其活捉回了周朝。

三月戊辰，周武王姬发祭祀了自己的父亲周文王，同时对天

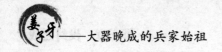

下宣布政令。

如今天下初定，正是大刀阔斧改革的好时候，为了显示自己的仁慈，周武王下令把殷商的遗民分发给纣王的孩子武庚，并委派自己的弟弟管叔、蔡叔等人辅佐武庚建立殷国，明面上是辅佐，实际上是为了监视和看管。

他却不知这个决定为今后的治理带来了麻烦，而这乱子便是在他去世后，由管叔、蔡叔联合武庚等人掀起的"三监之乱"，要不是关键时刻姜子牙从齐国回到了镐京，只怕周王朝的江山就要再次易主。

同时，周武王姬发还命令召公释放了被纣王关押的箕子，命令毕公放百姓出狱，他这么做又为自己的政权俘获了一批人心，天下归心，才能让王权更加稳定。不仅如此，还命令南宫括将汇聚在鹿台的金银钱粮全部散发给了穷苦的百姓，命南宫括将殷商的九鼎搬走，命闳夭替比干修筑了一座大墓，命令宗祝祭祀犒赏大军，做完这一切，才开始撤兵回到镐京。

周王朝能在数日内便战胜纣王的军队，姜子牙的谋略功不可没。

历史上的每一次以少胜多之战，都并非机缘巧合，而是蕴含了大道理，做好了万全之策，才会在双方交战时一击必杀。

早在开战前，周武王就曾和姜子牙有过关于作战的详细问话。

根据《六韬·犬韬·战骑》的记载，在用兵方面，特别是骑兵，周武王问姜子牙道："尚父，如果以骑兵作战，应该怎样才能发挥出他们最大的能力？"

姜子牙道："一种是十种取胜的方法，一种是九种落败的可能。"

这两个回答当时就让周武王蒙圈了好久，不明白这里面的意思。

为了充分保证己方拥有战胜纣王军队的把握，周武王便再次问道："十胜到底是什么意思？"

姜子牙道："敌人刚到战场的时候，如果这时候他们的阵法还没有做好相应的准备，那么他们便会前后不相联系，我们的骑兵就率先出击，先一步击破对方的骑兵先头部队，打乱他们的布置，再左右夹击他们的两翼，致使敌人完全在我们的包围切割之

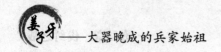

下，那么他们必败。

"如果敌人的阵法已经成型，而且准备很充分，且他们的部队士气很高，那么，我们的骑兵就应该换一种方法，这时候就不要先攻击他们的先头部队了，这样只会适得其反，而是应该缠住他们的两翼不放。缠斗并不是缠着打，应当是灵活运用骑兵的优势，时而冲过去，时而又离开，不断骚扰他们。强大的部队所造成的尘土飞扬，以及诡异的攻击手段会让敌人心头生疑，不敢贸然与我们决战。主将畏首畏尾，疑虑重重，敌人的士气就会涣散，如此一来，他们也会落败。

"敌人的阵营不稳固，那么，他们的部队就没有靠山，心里会打退堂鼓，失去死战的意志，这时候我们就应该快速接近敌人的前后方，然后派出骑兵攻打他们的两翼，敌人见我们来势汹汹，就会心生退意。

"敌人晚上回到营地的时候，我们就以骑兵快速剪除他们的两翼，然后以极快的速度袭击他们的后阵部队，再以一支部队在前方扰乱，切断他们回营地的入口，如此一来，敌人就会陷入我们的包围之中，在慌乱之中溃败。

"两军交战，敌人在没有天险或是有利地形的情况下，我们的骑兵便可长驱直入，正面将其击败，并以后续部队切断他们的运输补给，补给线路一断，三军将会陷入饥饿当中，也会溃败。

"敌人若是在平坦的地形上，那么他们将完全暴露在我们的包围中，我们可以从四面八方去攻打他们，我方骑兵充当先头部队，一马当先，再由战车部队横推过去，敌人必败。

"敌人在逃跑时，部队是混乱的，没有秩序可言，这时候，我们的骑兵就可以直接两翼包抄过去，将其切割，进一步将他们的力量分化，甚至还有机会活捉他们的主将。

"敌人如果已经退回营地了，这时候的他们肯定很疲惫，那么，我们就以骑兵为主，十人组成一队，百人组成一屯，战车在后方辅佐，十辆战车组成一群，然后插上传递信息的旗帜，在战车上配上强大的弓弩，先将其两翼剪除，然后分而歼之，这样的方法也有机会擒获敌人的主将。

"这些，便是骑兵的十种取胜的方法。"

实际上，姜子牙所说的这些方法，都在牧野之战上得到了充分的应用。当纣王仓皇组织奴隶来迎战的时候，姜子牙便率领已方的本部兵马冲了过去，然后由战车在两翼压阵，在对方阵型还没成型的时候，便一举将其击溃了。

在决战还没开始时，姜子牙已经预想了战场上将要出现的种种现象，并一一做了准备。所以以少胜多不是没有原因的，最大的根本便是知己知彼，才能百战百胜。

周武王获悉了骑兵的十种取胜办法后，便再次问道："那九败又是什么呢？是九种失败的可能吗？"

姜子牙摸着长长的胡子笑着解答道："我们用骑兵去攻打敌人，如果没有突破敌人的阵法怎么办呢？或者说敌人看我们来势汹汹，便假装逃跑了，给我们以假象，那么，我们的骑兵肯定会中计，然后乘胜追击，这时候敌人的战车和骑兵忽然反攻我后方，将骑兵包围在内，那我们的骑兵必败。

"再则，我们追击敌人的时候，不懂得适可而止，而是长驱直入不断地追过去，这时候又会中计，因为骑兵的速度快，我们的步兵追不过去，这便注定了骑兵会和我们失去联系，到时候敌人在半路中设下埋伏，直接切断骑兵的退路，这时候骑兵便进退两难，这便是所谓的'天井'和'地穴'之计。

"而在地势上，骑兵的优势更在于辽阔的平原，不能有阻碍，如果我们行军在狭窄的道路上，只能容纳少部分骑兵并排通过，这时候骑兵的优势就没有了，敌人只需要埋伏在两侧，便可以弱胜强，击败我们强大的骑兵。

"骑兵如果在山水之间作战，而敌人又占据了险要的山口为依托，并扼守了水源，那么骑兵的优势便又没了。沼泽地，或是泥泞不堪的道路上，骑兵不适合作战。在地势上，左边有深沟，右边有高地，一高一低，也会削弱骑兵的优势，在这样的地方作战，易败。

"而这几种情况的出现，都将把骑兵陷入九死一生当中，所以我们在领兵打仗的时候，作为主帅，就要尽量避免这些对我们不利的情况，才能充分发挥骑兵的力量。"

姜子牙对兵法的运用几乎到了神仙之境，设想了每一种可能出现的情况，而且还研究了每一个兵种的优势和劣势。

这次谈话，姜子牙让周武王意识到了骑兵属于机动部队，不适合正面碰撞，要把骑兵发挥成一把尖刀或是剪刀，才能让骑兵的优势发挥到最大，形成强大的战斗能力。

牧野之战中，姜子牙便率领了三千精锐和三百战车打了先锋，吓得纣王部队混乱不堪，哪怕有费仲这样能征善战的枭雄指挥部队，最后依然落了个兵败身死。

周武王在问完骑兵的作战方法后，又紧跟着询问了关于车兵的问题。车兵，即古代用来冲锋陷阵的战车。

周武王问道："尚父，如果车兵和敌人的步兵战斗，那我们的一辆战车所形成的战斗力能相当于多少步兵呢？如果用骑兵和步兵战斗，那么骑兵又等于多少步兵呢？假如是骑兵对战车兵，那么一辆车兵又等于多少骑兵呢？"

这也是周武王很关心的问题，别看周国联合八百诸侯声势浩大，实际上真正能够形成战斗力的还是他们的本部兵马，而且数量不多，对阵纣王七十万的部队，若没有战术、战阵、战车以及骑兵的加持，想要以少胜多，真是难于上青天。

所以他迫切地想要知道这些信息。

姜子牙道："战车的存在，是用来放大军队的战斗力的，在战场上，主要负责攻坚陷阵，比如冲锋的时候，在骑兵的配合下，可以将敌人的阵法切割，又能截击敌人，切断敌人的退路。

"而骑兵呢，主要用来当先头部队，形成气势上的压迫，万马奔腾声势浩大，一旦排列开来，便可让敌人闻风丧胆，且骑兵速度快，可以用来对敌人进行跟踪、追踪、骚扰等，但在正式战斗中，骑兵或许还不能抵挡一名步兵呢。

"除非军队布阵完毕，阵法成型，再让骑兵配合到位，在平坦且没有阻碍的地形上作战，一辆战车的威力便可抵得了八十名步兵的威力，在此基础上，一名骑兵的威力能等于八名步兵，所以，一辆战车的威力，便等同于十名骑兵。

"如果是在地势险要的地方作战，战车便不能充分发挥它的作用，威力也会大打折扣，故而一辆战车便只能等同于四十名步兵，骑兵的威力也跟着下降，只等于四名步兵，但在这样的情况下，一辆战车的威力只能等同于在平坦且没有阻碍的地形上作战的五名骑兵。

"大王你也知道，不论是战车还是骑兵，都是军队中最猛烈的先头力量，冲锋陷阵、纵横切割都要靠他们猛烈而又快速的冲击，所以十辆战车便可击败千名敌人，百辆战车便可击败万名敌人，骑兵能以一敌十，十名骑兵便可收割百名敌人，百名骑兵便

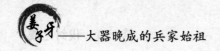

可震慑千名敌人。

"当然，这些数字并不准确，要根据具体情况去分析，包括地势、天气、路况等。"

知道大概的数字后，周武王心里便有了初步的估算，好为伐纣之战做准备，打造对应的战车和骑兵部队。

姜子牙在战场上的三千精锐骑兵加上三百辆战车，实际形成的战斗力，远远比估算的还要庞大。

这也是为何他能斩落费仲的原因，要知道当时的费仲是处于重重保护之下的，依然被姜子牙撞开了他的防御圈。

为了能有效发挥骑兵和战车的力量，周武王再次问道："那我们的战车和骑兵应该配备多少军官数量呢？具体的作战方法又该是怎样的呢？"

姜子牙道："五辆战车设一长，十辆战车设一吏，五十辆战车设一率（车兵的一级单位），百辆战车设一将，层层叠进，才能让战车的威力发挥到最大。

"如果是在平坦的地形上战斗，那么五辆战车为一列，战车发动起来速度快，为了避免碰撞造成损失，所以中间要间隔四十步的距离，两侧也要相隔十步，每个队的间隔要在六十步才不会碰撞。

"如果是在地形较差的地方作战，那么战车就必须要沿着道路前进，十辆战车为一聚，二十辆战车为一屯，因为地形不好，所以战车的速度不会太快，那么车前车后的距离二十步就够了，两边大约间隔六步，队伍的间隔三十六步便可，活动的范围前后要在一里左右，才能在战斗过后，依然保持有效的力量原路返回。（屯、聚为车兵的战斗编组单位）

"至于骑兵，则是五名骑兵设置一长，十名骑兵设置一吏，百名骑兵设置一率，二百名骑兵设置一将。

"他们的战斗方法是，如果在平原地带，则五名骑兵组成一列，不可太密集，前后相隔二十步的距离，左右相隔四步便可，队列之间间隔要在五十步。

"如果是在地势险要的地形上作战，那么前后相距十步就可以了，左右间隔两步，才不会伤害到自己人，队列之间间隔二十五步左右，以三十名骑兵为一屯，六十名骑兵为一辈。

"在有效的活动范围内前后左右各间隔百步，这样便能形成

阵法，战斗之后再返回来即可。"（屯、辈为骑兵的战斗编组单位）

周武王听完豁然开朗，连声说好。

而这些分析，都是姜子牙深思熟虑，率先在脑中模拟出各种战争的情况后得出的结论，为了帮助周武王伐纣，他掏心窝子地将自己的理解全部说了出来。当然，后者也没有让他失望，两人相辅相成，成就了数日便击败纣王军队的乾坤之战。

伐纣之战在中国历史上有着非常重大的意义，这场战斗不仅是中国史上以少胜多、以弱胜强、先发制人的经典战斗案例，更是代表了商朝衰落和周朝大兴的转折点，它结束了商朝六百年的统治，建立了西周统治天下的基础。

而西周的到来，也进一步让青铜器等产业得到了绽放，发展到了巅峰，牧野之战中所用到的各种谋略，也对后世的军事思想有着不可估量的作用。

在历史的进程上，西周起了极大的意义，周王朝的分封制也让它的国祚达到了八百年之久，让周朝的经济文化等达到了一个巅峰值，创造出了璀璨的中华文明。

作为商朝后裔的孔子，曾说："郁郁乎文哉，吾从周！"

这，便是一代圣人对周朝的认可和肯定。

第四章

安邦定国

周天子姬发站在朝歌城上，看着曾经坐镇天下的纣王结束了他那坎坷而又充满争议的一生，心里也在暗暗警告自己，千万不要走上这条老路，前事不忘，后事之师。

姜子牙默默陪伴在姬发身边，也是感慨万千，回顾周朝的建立，由弱小到强大，再以气吞山河之势横扫了商朝，这一路走来可谓步履艰难，如履薄冰，稍有不慎便会全盘皆输。

牧野之战的惨烈画面在两人眼前浮现，为了建立更美好的国度而抛头颅洒热血的将士们，他们看不到自家君王登高君临天下，也看不到往后的盛世繁华，可他们的灵魂将永远照耀庇佑周朝。

因为，这是他们用自己的生命打下来的江山，正应了姜子牙和姬昌初次见面时所说的那番话：天下非一人之天下，而是天下人之天下。

姜子牙为了避免姬发走上纣王的老路，不由提醒道："希望大王要以此为戒，不仅是对自己，还有大王的后人。"

姬发当时没想这么远，不由笑着说道："有尚父在，便是太平所在。"

由此可见姬发对姜子牙的尊重和信赖，而共同辅佐他登上王位的胞弟周公旦也表示周朝之所以能够取得天下，姜子牙功不可没。姜子牙看着这两兄弟，心里也终于落下了一块大石头，宅心仁厚的大王，才是爱民如子的大王。

安顿好大军后，接下来便是治理天下。为了避免出现像地方诸侯不停云集响应的问题，姬发同姜子牙和周公旦等一众人商议，决定把天下分成若干个诸侯国，由天子来划分，主要分给在灭商大战中做出了杰出贡献的姬姓族人和有功之臣，以此充当周朝统治天下的牢靠屏障。

这便是"封建亲戚，以藩屏周"的由来，在划分属地上，姜子牙的功劳得到了武王姬发和众将士的一致认可，他功勋卓著，战功赫赫，整个周王朝能在一次次战役中获胜，姜子牙功不可没，于是姜子牙接受了首封，封在齐地营丘（今山东省淄博市临淄区），让他在那里建立齐国，好稳定周王朝的大东方。

让他坐镇齐地也有周武王自己的考量。首先，这块地方并不受周王朝控制，因为当时的莱国就在那个地方，而且实力强大，刚刚结束牧野之战的周王朝军队，并不适合再次进行大规模作战。

且齐地路途较远，长途奔袭会十分疲惫，一个王朝初创，首先要做的便是尽量平息干戈，做到能不打就不打，好把人力资源充分用在国家的治理和恢复上。

经过多方面考虑，周武王觉得，能够胜任这个艰巨任务的，也只有自己的尚父姜子牙。

这是一项重大的决策，要知道，当时这块地方方国众多，势力交错，力量是极其强大的，其中以莱国为最，而其余小国比如杞国、熊国、谭国等国，都是一股股不容小觑的力量。

他们世世代代居住在这里，经过时间的积累，加上对当地的熟悉，故而使得他们的势力在这里根深蒂固，又因为各方国家的地盘彼此接壤又互相交错，所以各国百姓互相交流往来通婚，各种习俗糅杂，让百姓演变出了一种尚武崇仁的彪悍民族性格。

在商朝时期，各代大王就曾经多次征讨过他们，卧榻之侧岂容他人鼾睡的道理谁都懂，然而遗憾的是，这里的百姓的战斗力实在太强了，又占据了地利优势，所以即使商朝能赢得一部分战争，却也无法彻底将他们征服。

长久以来，这块地方一直受不到中原王朝的教化，地处边缘的他们对刚刚崛起取代商朝的周王朝抱有极大的敌意和疑忌，周王朝派了招安的人前往谈条件，无一不失败而终。

如果不打败他们，那么尚在脆弱时期的周王朝将不得安宁，所以思来想去，必须要有一个熟悉东夷的人去，而这个人不仅要熟悉当地的地理和人情，还得足智多谋懂得变通收拢人心，东夷人不吃硬只吃软，这么一想，唯有姜子牙可以胜任这个角色。

姜子牙出生于吕地，吕地便在东夷，作为本地人，自然比外人更加了解这里的情况，而且他老谋深算，不论是排兵布阵打仗还是治理国家，都有一套过人的本领，加上这次牧野之战让他名震天下，携带其常胜之师的威望，足以震慑东夷来稳固边患。

姜子牙也没有推辞，他道："一场大战打得大地千疮百孔，民不聊生，百姓流离失所，大王的当务之急，便是尽快恢复国家的运转，齐地营丘的莱国交给子牙便是。"

考虑到大战过后兵力的空虚，姜子牙便只向周武王要了自己的本部兵马，整顿过后，便开始奔赴营丘着手建立齐国。

姜子牙知道自己任务艰巨，也了解莱国的强大，但还是把都城选在了距离莱国最近的营丘，为何是这里呢？尽管此时已经推翻了商纣王，可地处东方的莱国对刚刚建立的周王朝还是个强大的威胁啊。

约公元前1045年，已经过百岁的姜子牙在受封于齐后，在本部兵马的保护下，带领文武大臣和家人仆从，浩浩荡荡地赶赴远东，从朝歌出发，披星戴月，昼夜不停。可惜路途实在是太远了，短时间内根本无法到达，眼看着才打了大仗的士兵满脸的疲惫，姜子牙于心不忍，只得下令安营扎寨休整。

他就是这么一个为国为民的人，大到天下，小到身边的一兵一卒，故而能够深得百姓和将士的爱戴，赶了那么久的路，哪怕累得不行，也没有人会抱怨，坏了军心。

休整过后的将士明显要好得多，精神面貌和体力都得到了补充，接下来便又是一路的翻山越岭，直到快要接近目的地营丘时才又进行了一次全面的休整。

姜子牙的初衷是为了让士兵恢复体力，有更好的精神状态帮助自己建立齐国，实则他还有另外一层的考量，营丘距离莱国实在太近了，不用别人说，今后也肯定会和莱国爆发冲突，这本来就是他的任务之一。再则，舟车劳顿的士兵休息不好，万一被莱国埋伏打起来，局面就会显得很被动。

姜子牙深知自己带的兵马不多，坚决不能爆发正面的大规模冲突，故而每一次做决定他都经过深思熟虑，他可不想自己还没在营丘站稳脚跟，便被莱国人给打得丢盔弃甲，狼狈不堪地回到周王朝镐京去。

这天晚上，姜子牙例行管理巡视军营，走到一处篝火旁，听到有人议论，明明都快到营丘了，为什么不一鼓作气直接到目的地休息，偏偏要在这里安寨扎营。姜子牙听后也只是一笑了之，可接下来士兵说的话，又让他改了决定。

士兵说："有道是机会难得，你看看这些人是不是都忘了我们还要做什么了，我们是去建立国家啊，是去保护武王的远东方向，是去抵挡莱国的威胁，你看看他们，睡得多安稳啊，他们难道一点想法和危机感都没有吗？"

姜子牙听后精神大振，觉得这话很有道理，毕竟就快到目的地了，就该趁着这股子劲儿直接过去，于是便下令整顿人马，趁着月色赶赴营丘。这一路奔跑便到了第二天的黎明，到达淄河西岸才停了下来。

姜子牙不得不停，到了这里以后，前方的探子便传回消息，说莱国军队正涉水奔赴营丘本地而来。

姜子牙一听，这还了得，他问对方出动了多少兵力，现在已经到什么地方了，探子看了眼周围着急的众人，只好说来的人很多，一眼看不到头，而且他们身上的装备都很精良，明显是提前做好了准备。

姜子牙叹了口气，他算是明白了，莱国在得知自己要在营丘建立齐国的消息后，就已经开始着手打他了，而且还算准了他从朝歌过来，因为长途奔袭的缘故会导致士兵体力不支，精神匮乏，在自己还没彻底站好脚跟时来个以逸待劳。

这个算盘打得精妙啊，也不晓得当时莱国的军师是谁，才能想出这么一个妙招。

如果姜子牙失败了，也许他不会死，但这后果便是周王朝的东方会出现一个极不稳定的因素，莱国本身实力强大，加上在商周战争中没有受到波及，韬光养晦多年的他们兵强马壮，是有可能将还未发展起来的周王朝取而代之的。

任务重，工程难，规模又大，姜子牙深知此时时间的紧迫，沉重的担子压得这位年迈老人心力交瘁。

可他并没有气馁，在得到消息后，立即排兵布阵，在淄河西岸展开对垒，双方兵对兵，将对将。莱国见姜子牙这边在做准备，底气十足，一时间心里也犯了难，也不知道是应该渡河打过去围而歼之，还是静观其变探其底细后再做进一步的打算。

牧野之战让姜子牙名震天下，此时的他，威望比周武王还要高，虽然所带兵马仅为本部，且数量不多，但他的气势在那，声望也在那，完完全全是能够镇住莱国敌军的。

故而当他按兵不动时，莱国军队便被吓住了。

他们可没有勇气渡河来打这一场没有把握的仗。

莱国想低调行事，姜子牙可没这个打算，他深思熟虑后，决

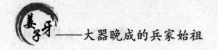

定率先派兵出击，先来个雷霆行动，打莱国一个措手不及。

虽然姜子牙的本部兵马现在很疲惫，可他们是胜利之师啊，牧野之战中，他的本部兵马在战场上奋勇杀敌，个个都是实打实从血水中蹚过来的精兵猛将，没有经过战争的残酷和血与火洗礼的莱国士兵，哪里会是他的对手？

白天姜子牙坐镇大本营，到了晚上，便派出一支精锐的部队偷偷摸过了淄河，果不其然，这支精锐很快便取得了奇效。

虽然交战时间不长，但突然袭击还是打了莱国士兵一个措手不及，人仰马翻。姜子牙为什么这么做？他其实是想告诉对方一个信息，那便是我知道你来了，也知道你要打我，但要打我得先掂量掂量自己有没有这个能耐。

当警告的战略目的达到后，姜子牙便又开始了新的动作。

他先是鼓舞众将士的士气，告诉他们这是为了保护好周王朝的天下，其次便是鼓励他们奋勇杀敌，等建立齐国后，便好好赏赐一番，人为财死鸟为食亡，谁又希望自己整天过着提心吊胆、有头睡觉没头起床的日子呢？

姜子牙告诉他们，只要打退了莱国军队，便分给他们土地。

为了以后能过上美好的生活，这些士兵当然是跟打了鸡血一样嗷嗷叫着。

于是，在鼓舞士气后，姜子牙开始进攻了。

这一次，不再是试探，而是大规模地渡河，且光明正大地告诉莱国军队：我来了，要来打什么都做好准备了。

莱国那边一看，心想不妙啊，不是说好长途跋涉会很累吗？怎么看起来都像是战神附体一样呢？

人数不多，但战斗力强，经过各种战役的姜子牙本部兵马，精通各种战阵和配合战术，登上淄河岸边后，一步一个脚印往前推进，莱国士兵哪里见过这种阵仗，还没开始打呢，心里便已经萌生退意。

一人退，人人退，姜子牙那时候就已经用起了敌退我追的方法，当察觉到莱国士兵只是纸老虎后，他下令直接决战，也正是这个命令，让他的部队爆发出了无与伦比的战斗力，杀得莱国士兵节节败退，退了又退，丢盔弃甲。

对方将领一看，心想完蛋了，再这么下去非得全部交待在这里不可。为了保存实力，不至于被周边小国家吞灭，莱国只能做出退兵的打算，悻悻而归。

姜子牙见莱国退兵，便下令终结了这场战斗。

穷寇莫追，追得急了没准对方还真的杀个回马枪来个鱼死网破，兔子急了还咬人呢，何况是两军作战，人数上不占优势的姜子牙自然考虑到了这个问题，故而派人告诉莱国，我就在这里建立都城，你我划分界线分而治之，咱们井水不犯河水。

莱国得到消息后，欢喜不已，于是双方迎来了短暂的和平。

当然，后来姜子牙还是把莱国给灭了，彻底解决了周王朝来自东边的危险，然后回到周王朝的国都镐京辅政，再往后的齐国便不是姜子牙所控制的了。到东周春秋时期的齐国，已经是春秋四大国之一了，等传到齐桓公时，齐国的国力再次提升，齐桓公通过"尊王攘夷"成为"春秋五霸"之首。

第五章

奠基齐国

姜子牙建立齐国以后，实行以法治国政策来稳固自己的权力，同时也以法来安定民心，只有整顿好了法制，才能进一步地发展国家。

姜子牙走访了齐地各部，充分调查了当地民意和民情，按照当前的情况进行了调整和规划。除却以法治国之外，他还顺应当地的风俗，简化礼节，发展工商业，毕竟早年的他也是一个商人，虽然没有发什么大财，也没有什么拿得出手的成绩，可他晓得只有发展工商业，才能给国家带来税收、带来财富。

而经过一系列的采访后，他发现当地的渔业和盐巴资源特别丰富，毕竟是滨海地区，所谓靠山吃山靠水吃水，便着重发展鱼盐这两块。（《史记·齐太公世家》："通商工之业，便鱼盐之利。"）由此人口大增，为齐国今后的强大打下了夯实的基础。

姜子牙事必躬亲，为了发展齐国鞠躬尽瘁，颁布了一道道政令，本想随着这些政令的落实，会让齐国快速强大起来，结果发现他的政令在发出后，并没有如愿地执行，反而一拖再拖，到最后不了了之。

不仅如此，姜子牙在巡视齐国领地时，还经常听到国内百姓的抱怨，说司寇营汤残暴无度，无故滥杀百姓。

姜子牙知道想治理好一个国家不容易，在以法治国的基础上，随之而来的肯定会出现一系列酷刑，但想要做到以儆效尤就必须这么做，才能震慑滋生的罪恶。不过随着民间的反抗声音越来越激烈，让姜子牙不由得起了疑心。

最初他也和营汤进行过谈话，告诉他你现在任司寇之职，又是高官，掌管着齐国的司法职务，一定要做到刚直不阿，但也不能滥用职权，残害百姓，纣王之所以走到这一步，就是因为他的残暴激起了民愤。

营汤是个能言善辩之辈，听到姜子牙的教训，连忙点头答应下来，实际上心里却不屑一顾。周王朝打天下，自己还出了不少力气呢，而现在打了这么多年的仗，还不能享受享受吗?

他一面巧言令色忽悠着姜子牙，一面又开始蛊惑百姓，宣称齐国不应该以法为主，而是要以"仁义"治国。这么阳奉阴违当然是彻底把姜子牙给得罪了，于是太公一怒之下，下令将其给斩了，换了个听话的人出任司寇一职。（《春秋繁露》："诛司寇营汤以定齐国。"）

随后政令的执行便快速落实了下去。

为了把齐国治理好，姜子牙广罗人才，听说在封地内有两个名气很大的贤人，他们就是狂矞、华士两兄弟。

他们曾经对人说："我不是周天子的臣子，也不是地方的诸侯官员，所以不应该让他们来管束我们，我们自己去开垦荒地种植粮食，自己挖掘水井喝水，不图名利，一切都自食其力，多好啊。"

这番话一听，的确有些道理，姜子牙知道人才对于国家的重要性，便登门拜访，想要把他们纳入自己的麾下，好为国家效力。然而第一次上门便吃了个闭门羹，人家二人根本就不搭理他，也由此可见当时齐国的形势，大部分人都是口服心不服的，没有把他这个齐国诸侯王放在眼里。

　　姜子牙为了得到他们两人，也做足了功课，一次不见，那就两次，两次不见，那就三次，你总要见面吧？后面也的确如他所愿，面倒是见着了，可人家压根儿就不想当周王朝的官员啊。

　　姜子牙见他们决绝的态度，也就打消了继续招安的心思，不过为了降低影响，不让他们的思想理念影响到周围百姓，从而抵制自己的政策，便下令捉拿这两人，随后便给诛杀了。

　　消息传到周武王耳中时他几乎不敢相信这是真的，毕竟初到一个地方便斩杀两个名望甚高的人，只会给治理带来不利的影响。为了问清楚这件事的缘由，周武王便派人给姜子牙带话，说："听说尚父在属地内发现了两个很有声望的人才，怎么就把他们给处理了呢？尚父这么做会不会激怒当地百姓啊？"

　　姜子牙知道自己身上的使命，其实这么做，他也下了很大的决心，那两个人的言论影响了他的政令，倘若视而不见，自己的权威便会一落千丈，以法治齐的精髓便是明纪律，唯有如此方能让政令落实。

　　于是，他写信回道："大王，实际上我是先进行了招安，实在不得已才动的手。首先，他们的行为对我们非常不利，他们一不承认您是他们的天子，二是宣扬自给自足的理念，公然抵抗我的政令，这样的人，就算再有才华，也不能为我所用，反倒屡屡坏我治理齐地的政令，煽动百姓暴乱抵制我，为了往后周王朝的稳固统治，我不得不杀了他们啊。"（《韩非子·右经》）

这封简短的回信中，姜子牙全面阐述了事情的由来和经过，他这么做一切都是从周王朝的统治出发。是他不爱惜人才吗？治理地方最重要的就是人才，他当然爱惜，可这样的人才又有什么用呢？

姜子牙深知这件事的影响，于是又连着下发了数道政令，没有司寇营汤和这两个贤人的阻拦，很快便实施了下去，而且在不久后便取得了不错的成绩。

五个月后，姜子牙将这里的情况再次汇报给了周武王，信中写道：这里已经太平了，可以自行运转了。周武王很惊讶，他知道东夷这个地方有多复杂，大小国家盘踞，势力也相当复杂，但自己的尚父却在这么短的时间内，将这里平定了下来，简直就是个奇迹。

史料中记载，姜子牙当时的领地，已经达到了方圆五百里。

（《晏子春秋·内篇杂下》："昔吾先君太公，受之营丘，为地五百里。"）

回顾这件事的始末就能发现，姜子牙在用人和做事方面，深得其要点，有德有能的人，只要愿意为齐国做事，他便给予奖励，毫不吝啬地赏赐职位和良田，而且也尊重地方百姓的各种习俗，只要不是危害齐地统治的，便选择尊重。

这样一个有德有才又有声望的人，当然能够得到百姓的拥戴，因为百姓在这里面充分感受到了周王朝给予他们的好处，既然能得到利益，谁又愿意来造反呢？

俗话说打江山容易，守江山难，从这句话中可以看出想要把一个地方治理好有多难。在铲除司寇营汤和两位贤人后，姜子牙便把重心转向了经济，毕竟只有经济搞好了，百姓的生活水平才能提高。百姓的日子过好了，便不会滋生动乱的心，因为没有人愿意亲手将自己能够得到的利益给破坏掉。

解决内外矛盾后，结合当地的实际情况，姜子牙制定了影响深远的三大国策。其一是用人方面，他提出举贤尚功，意思是挑选一些有才能、有德性和能力的人，给予他们权力，让他们来辅

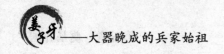

助地方经济的发展，只要出现了成绩且通过考核，便赐予爵位。

他没有随意提拔身边的亲信，反而从民间物色人才，并告知他们可以自荐，唯才是用。事实上，他这么做完全突破了周王朝的古礼，打破了"尊尊亲亲"的固有思想束缚，只要有本事，便可重用，便可放权。这个政令吸收了大部分东夷人帮助他治理齐国。姜子牙同时也把用人的政策提到了国家兴亡的高度，用"六守""八征""六不用"的人才理论，开创任人唯贤、唯才是用的先河。

其二是因俗简礼，周朝的礼仪相当繁杂，而东夷土著的习俗却相对简单，若以周朝礼仪来制衡东夷人，只会适得其反。古人对天地很敬畏，每个大型部落都有独属于自己的文化和传统，姜子牙深知强行推行周王朝的礼仪只会令东夷人反感，故结合当地的民情，将周朝的礼仪简化。

在齐地生活的东夷人骁勇善战，而此地又是舟车和兵器锻造的起始之地，姜子牙结合这方面的优势，采取"敬其众，合其亲，因其明，顺其常"的策略，并让官员对待当地百姓要"利而勿害，成而勿败，生而勿杀，与而勿夺，乐而勿苦，喜而勿怒""与民同忧、同乐、同好、同恶",这便极大地激发了东夷人的积极性。因地制宜,使得周朝的礼仪在这里既保持了权威性,也让本地百姓心悦诚服,慢慢地接受了改革。这套策略让姜子牙调动了本地百姓对齐国建设的积极性,也使他开创了改革的先河。

其三便是经济方面,姜子牙深知营丘虽为荒凉之地,但在营丘的西面有着盛产高质量铁矿石的商山,此地因铁矿而出名,所以又叫铁山。除此之外,在营丘北境靠近临济水的地方,有着天然的渔盐产业。而这里本身在种植桑麻上有着成熟的经验,此地出产的纺织品更是名满天下,是当地百姓赖以生存的根本。

他根据当地的情况制定了"通工商之业,便鱼盐之利"的政策,与工农商同时发展,推动当地麦、黍、稻的种植,同时又大力发展桑麻种植以及矿石开采,并派出优秀的工匠传授当地妇女更好的纺织技巧。

《论衡》说:"齐都世刺绣,恒都无不能。"

可见此地的纺织和刺绣手工业已然形成规模。

而这三大治国良策便成了齐国强大的根本,使齐国之物走遍

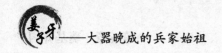

天下，被冠以"冠带衣覆天下"之称。同时也让地薄人稀的偏僻土地在短时间内富裕一方。

这番操作得到了周边小国家的认可，不久后都归附了齐国。虽然在后来的发展中齐国一度衰落，但因为这根基还在，又加上春秋时期管仲的一番修正后，设立了稳定物价的九府，这也帮助了齐桓公在春秋时期有了称霸的经济基础。

估计姜子牙自己也不会想到，自己的这个政令，会一直延续到战国时期的齐威王、齐宣王时代。

以上三点便是姜子牙治国的核心，用人举贤尚功，内政因俗简利获取人心，渔盐之利强大齐国经济。

然而，就在眼见齐国蒸蒸日上的时候，一个噩耗传到了姜子牙这里，西周讣告中说周武王驾崩了。

第六章

平定叛乱

姜子牙辅佐姬昌建立霸业，姬昌死后，把姬发委托给了他，数年相处间，几乎把姬发当成了自己的亲儿子对待，何况自己的女儿邑姜还是周武王的王后。得到这个消息后，姜子牙心急如焚，只能放下手里的工作，急急忙忙地赶回镐京。

他不敢迟疑，因为这才刚刚灭掉商朝三年，天下还没有从混乱中稳定下来，而年幼的世子姬诵才刚刚十岁，这么小的孩子，就算聪明绝顶，也没办法掌控这么大的王朝，很容易让大周王朝再次陷入混乱中。

周王朝生死存亡之际，姜子牙回到了镐京，他的回来，也让风雨飘摇的周王朝有了主心骨。他见到了曾留在朝廷辅佐周武王的周公，两人商议后，首先对王权做了安排。只有定了王权，才能安天下，及时稳住这艘快要失去方向的王朝大船。

之后他们俩与各大臣商量立王和治丧的细节，经过商议，确定了世子姬诵的王位，姬诵便是后来的周成王。因为世子实在过于年幼，加上姜子牙不能在这里长期逗留，需要回到齐国坐镇，便商议由周武王的弟弟周公辅佐世子姬诵治理国家，等到姬诵长大后，再把权力还给他。

姬诵被正式确立为成王以后，周朝昭告天下，改元更始。

有了新的天子，周王朝也重新稳定了，然而就在姜子牙想要回到封地齐国的时候，又有坏消息传来了。

被封于殷商故地的武庚联合周武王的三个弟弟在镐京传播消息，说周公想要铲除姬诵自己当天子，而且拥有军权的他，即将发生叛乱，这便是历史上赫赫有名的"三监之乱"。

约公元前 1046 年，周武王率大军攻入朝歌，结束了纣王的暴政时代。纣王虽然死了，可他的子嗣还在，本着"灭国不绝嗣"的原则，周武王不仅保留了殷商的祭祀礼仪，还将他的儿子武庚封在殷商故地。

这个做法的确为他赢得了宽容仁义的美誉，实际上他也不放心，为了避免武庚在封地内再次造反，便把自己的三个弟弟派来监管他。三弟管叔封于朝歌东边建立卫国，五弟蔡叔封于朝歌南边建立鄘国，八弟霍叔封于朝歌北边建立邶国，三个弟弟的封地完完全全将武庚锁死在朝歌范围内，完全不用担心武庚有不轨之心，这便是三监的由来。

随着武王的去世，隐藏在权力中的不稳定因素开始爆发，周公坐镇中央王朝辅佐世子治理国家，代为理政，使用了天子才有的权力，而且周公掌控周王朝以后，还制定了一系列限制诸侯权力的法律，这便让封在外地的三个兄弟对他产生了怀疑，觉得他要取代周成王自己当天子。

其中最不乐意的便是封在朝歌东边的卫国国君管叔，他是周武王的三弟，也是活着的几兄弟中年龄最大的一个，按照周朝的礼法，应该由他来辅政才对。

越想越不对劲的他，认为肯定是周公暗自篡改了周武王的遗诏，便联络五弟蔡叔和八弟霍叔散播谣言，说周公要加害世子姬诵，自己取而代之。（《尚书·金滕》："公将不利于孺子。"）

同时，一直被这三兄弟死死压制的武庚，也嗅到了苗头，认为现在周王朝大乱，正是他起势的好机会，便暗中帮助三兄弟推波助澜散播谣言，这可好了，谣言四起之下人心惶惶，明明是无中生有的事儿，却愣是让整个姬家内部产生了怀疑，连周成王姬诵自己和时任太保的召公奭都以为这是真的了。

祸不单行，这时候又有消息传来，三监之国竟然与想要复国的武庚勾结起来了，同时还拉动了殷商旧地的徐国、奄国、薄姑等小国发动叛乱，周王朝顿时到了岌岌可危的地步。

深知周公人品的姜子牙，暗中找到周公商量解决这事儿的办法，姜子牙建议先恢复信任度，首先便要博得太保召公奭的信任，因为召公奭是宗室大臣，权力极大，仅次于周公本人。于是，周公写了一篇《君奭》，告诉召公奭现在周王朝面临的危险，我们应该先保住江山，稳定天下，不要让武庚占了便宜，你是辅政大臣，在王朝的兴衰中有很大的作用，不应该在这时候来怀疑我，分散王朝的实力，我们应该同心协力去铲除叛乱。

看到这封信后，召公奭也终于明白了这件事是谣言，真正的罪魁祸首是三监和武庚，便全心全意地辅佐周公和周成王。

姜子牙在得到殷商遗民发动叛乱的消息后，勃然大怒，他怎么能让商朝的暴政重新荼毒百姓残害人间呢？便主动请求出战，

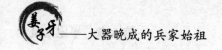

想要率领大军去讨伐他们。

然而，周公却拒绝了姜子牙的请求，因为这次叛乱的起因与他有很大的关系，当时武王灭掉纣王以后，是他建议不要杀了武庚的，他哪里会想到武庚居然不懂得感恩，竟然在这关键时刻发动叛乱，所以他必须亲手来做这件事，好还自己一个公道。

姜子牙这才反应过来，说起来这是周王朝的家事，毕竟除了武庚还有姬发的三个弟弟，他一个外人的确不好插手，到时候再被别人制造谣言说他想要取而代之，那才是真正的麻烦。

但他也没有闲着，在周公出征后，坐镇镐京的他严密部署军事防范，以防备不测。

周王朝的权力更迭本质上演变成了殷商复仇，内忧外患，三监的地理位置对周王朝形成了三面夹击之攻势，同时南境九伯全部叛乱，这里边东夷的实力最为强大，即东夷五侯。

姜子牙和周公分析商量后，决定兵分两路，两线出击，周公率军攻打武庚和三监；姜子牙便奉成王诏命去攻打东夷五侯和南境九伯。

周公临行前作了一首鼓励士气的誓师词，即《大诰》，誓

词为："武王崩，三监及淮夷叛，周公相成王，将黜殷。"(《大诰·序》)

周公锁定的第一个目标便是三监，想要铲除武庚，首先要突破三监的防线，制订好作战计划后，挂帅出征，雷厉风行，很快便打到了三监不远处，可笑的是，这时的三监完全没有做好迎战准备。

在他们的想法中，周公这会儿应该是自身难保才对，所以十分轻敌。当打起来的时候，他们根本不是怀着要为自己正名的周公的对手，一触即溃，被打得溃不成军，武庚和这三个姬家兄弟全部被周公给活捉起来。

周公知道，现在一定要处置他们以儆效尤，否则今后还会发生同样的事情，对于武庚，其实他已经仁至义尽了，当初他就差点被武王给杀掉，如今知恩不图报，不在自己的封地内好好过小日子，非要跳出来惹是生非，这样的人，不该留，他毫不犹豫地将苦苦求饶的武庚给杀了。

不过周公到底还是宅心仁厚，即便杀了武庚，也没有彻底废掉殷商的祭祀之礼，还让纣王的哥哥微子继承了祭祀大权，在宋

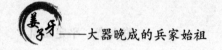

地建立了宋国。

接下来便是自家亲兄弟了，亲兄弟也得明算账，周公心里很生气，自己在周王朝努力地治理国家，为的什么？不都是为了这个天下还是姬家人说了算吗？你们倒好，派你们监管武庚防止叛乱，反倒自己先反起来了。

管叔的身份很敏感，也很特殊，加上他又是最先造谣的人，作为幕后主使的罪魁祸首，不能留，当杀。但当他们仨被抓到这里后，周公的心便软了，都是自家兄弟，若全部杀了自己也将背负一个杀兄杀弟的骂名。

一番考虑后，周公便将蔡叔和霍叔给放了，死罪可免活罪难逃，他收回了这两人的权力，将其流放到了化外之地。

在此期间，姜子牙以齐军攻打了九伯，并灭掉了对方的君王；同时还把蒲姑国给灭了。当时被周公追着打的武庚残部已经跑到了东海，麾下将领飞廉领兵与姜子牙对抗，姜子牙"驱飞廉于海隅而戮之"，之后又一路向东灭杀了不下五十个小国。

姜子牙和周公联手挽救周王朝于大厦将倾之际，功不可没，为了奖励他，周成王把蒲姑国的领地封给了姜子牙，让他拱卫镐京，齐国的版图便在此时超过了五百里。

也正是因为姜子牙对国家忠心，所以才有了后来的周成王给了他征讨的实权，并说："东至海，西至河，南至穆陵，北至无棣，五侯九伯，实得征之。"

由此，姜子牙正式得到了征讨天下的权力，他也凭借着这个权力开始南征北战，不断吞并周边小国家，建立了强大的齐国。

周公东征以后，修建了一座巨大的都城，即洛邑。都城建成后，他在这里召集天下诸侯，举行了庆祝典礼，不仅再次册封了诸侯，还宣布了各种重新补充制定的王朝制度，为周王朝的长久统治建立了不世之功。

周公摄政第六年，世子姬诵已经长大，周公觉得现在应该把权力还给他了，便开始进行过渡培训。在此期间，周公又作了一首词《无逸》，告诫周成王不要沉迷美色和安逸，要一心一意为了天下，要警惕殷商灭亡的原因。

做完这一切，他便退居幕后，不再干涉朝政，仅仅做一些诗书礼乐之事，完善周天下的礼法和典章。周成王继位的第七年，周公完全放手，还政于周成王，向北面称臣，亲自做表率完成了

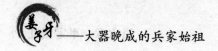

权力更迭，被后世称为儒学奠基人。

又过数年，周成王因病逝世，姜子牙父子临危受命，再次成为托孤大臣，肩负辅佐年幼太子的重要任务。周王朝也在姜子牙的强势管理下，没有出现动乱的迹象，随后与一众大臣将太子姬钊顺利推向王位，史称周康王。

周康王六年，姜子牙病逝于镐京，他的儿子吕伋继承了他的位置，继续帮助周康王扛起周王朝的大旗，地位仅次于首辅大臣召公奭，实际上并没有多大的区别，然后掌管了由姜子牙一手打造的三千虎贲军，继续拱卫镐京。

第七章

后世影响

姜子牙逝世，一代良相就此回归天地，他的一生坎坎坷坷而又轰轰烈烈，观他的人生轨迹，无论是在军事上还是政治上，或是治国上，都有着超凡的卓越贡献。他也是我国古代史中极少的全才，太史公说他是"后世之言兵及周之阴权，皆宗太公为本谋"，以此肯定姜子牙在兵法上的造诣，也以正史奠定了他兵家鼻祖的地位。

历代皇帝和文史大家也尊称姜子牙为兵家鼻祖，唐肃宗在位时，追封姜子牙为武成王，设立宗庙祭祀；宋真宗时期，追谥昭烈。

姜子牙一生共有两位结发妻子，一位是马氏，一位是申姜，共育十五子，一女邑姜成为周武王姬发的王后。

他的兵法，他的治国理念，以及他对周朝的贡献，不论是在当代还是后世，都无法磨灭，其中尤以军事为其主要核心，这也是他能被称为兵家之祖的原因。

兵书《六韬》，蕴含了他对天下的看法，包含了在政治、军事以及治国等方方面面的总结，几乎可以说他是全能的，以一己之力，撑起了周朝的大半江山，在中国文化舞台上是唯一的"高、大、全"之人。

他在中国的历代神话故事中，亦是众神之主，在宗教的所有神仙体系中，他是武神，是被称为"太公在此，百无禁忌"的护卫神灵。

周国开国以来，便一直想要寻找一位能够帮助治理国家的圣人，文能安邦，武能定国，只有这样的全才才能实现周国兴、周灭商的艰巨任务。郁郁大半生的姜子牙横空出世，在周文王的盛情邀请下，步入政治舞台，帮助周国扭转乾坤，奠定了大周八百年之久的国祚。

他被周文王称为"太公望"，被周武王称为"师尚父"，亦师亦父，位高权重，虽是臣子，实际上可以和周武王并列，他能主政，又能治军，还能打仗，可见其本领之鬼神莫测。

半生微寒半生衰，择主不明，怀才不遇，游荡四方，可他从未对现实妥协过，也未曾为自己的才华得不到施展而惋惜，而是励精图治，不论身处什么恶劣情况下，都会不断学习，不断充实自己，他能隐忍，能观天下之事，静待时机。

于是周文王来了，他遇到了自己的伯乐，帮助周文王治国，帮助周武王建立周朝，修德性，重军事。

他与周武王随军出战，率精兵于牧野之战中充当先锋兵，英武不凡，犹如神明降世，一战定乾坤，周朝之建立，他当立首功。

被封到齐地，他将一个四面环绕强敌的不毛之地，打造成了盐商圣地，治国有方，创建齐国，并为其打下坚实的经济基础，让齐国后来成了"九合诸侯，一匡天下"的"春秋五霸"之首。

在齐国的治理上，作为开国之君，他"因其俗，简其礼，通工商之业，便鱼盐之利"，对齐国产生了深远的影响。

即使姜子牙去世到今天已经三千多年了，可人们依然崇拜和敬畏他，这不仅是因为他建立的丰功伟绩为我们泱泱中华打下了基础，而且他的人格也备受后人的尊崇。

他是姜子牙，也是一代兵家之祖！

附 录

姜子牙年谱

约公元前 1057 年，姜子牙于渭水同周文王相遇，步入政坛，被封太公望。

约公元前 1048 年，孟津之誓，周武王为了测试诸侯对周国的态度，率军于孟津检阅以此试探商朝的态度，姜子牙见来的诸侯很少或是不来，觉得时机不对，与周武王商议之后退兵。

约公元前 1046 年，牧野之战，姜子牙领命当先锋，率领三千虎贲与战车冲击商朝阵营。伐纣灭商之后，姜子牙受封于营丘建立齐国。

约公元前 1043 年，周武王去世，幼子成王继位，因由周公辅政，且成王年幼，驻守在殷商故地的管叔、蔡叔、霍叔联合武庚以及殷商遗民造反，爆发"三监之乱"。姜子牙自齐国回归率

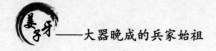

军平定叛乱。

约公元前 1015 年，周康王六年，姜子牙于镐京逝世，享年 139 岁。

后 记

天下英雄出我辈，一入江湖岁月催。皇图霸业谈笑中，不负人生一场醉。

——题记

每个人对"英雄"二字的看法不同，看待人或事所站角度不同，因此评价也就不同，在我心里，姜子牙不仅是周朝的开国元勋，更是一个驰骋寰宇的英雄。

姜子牙的正史资料很少，更多资料来自小说《封神演义》，但不论是神话小说还是正史，对姜子牙的刻画，都是无可争议的英雄，他有大智慧、大毅力以及大宏愿，姜子牙一生是为了天下黎民百姓，而非为了证明自己有多厉害。

也许很多人会说商周时期仍旧保留着奴隶制，即便姜子牙以仁德治国治世，也没见他废除奴隶制。尽管如此，姜子牙却在当时的年代中，做到了他能做的极限，他告诉周文王要爱民如子，告诉周武王不可抢夺百姓利益，更告诉了那些奴隶，只要你立功了，就可以改变奴隶身份重获自由加官晋爵。

他的思想无疑是超前的，他的所作所为肯定会剥夺大部分奴隶主的利益，可他却坚持了下来，并以理服人，以实际情况论证这么做有什么用。

漫长的历史长河中，敢独自应对固有阶级的人，如何又担不起"英雄"二字呢？至少他是大无畏的，没有在商朝的末世中随波逐流，也没有在周朝获得地位后便不可一世，他始终坚定天下非一人之天下，而是天下人之天下的看法。

这是我第一次写历史类书籍，曾经自负自己对历史有所了解，但经过这段时间的查阅资料，才发现自己所了解的只是冰山一角，我们翻开一页书，也许只要几分钟便可读完，却未曾发现书中字里行间的简短一句话，概括的便是古人的一生。

越是查阅资料，越是对姜子牙感到痴迷，在那个思想没有解放的年代，却诞生了生而不凡的姜子牙，难以想象，一个在古稀之年才步入政治舞台的人，思想上要备受多少煎熬，又要有多大的毅力才能坚持到最后？

　　所以姜子牙是我眼里的英雄，这本书结合了许多资料，包括正史以及姜子牙所著的兵书《六韬》，结合起典故加上他的生平而撰写，也许有很多不足之处，但还是希望能够让大家去了解一个不一样的姜子牙。

王德军

2023 年 5 月